In Paraguay zählt nur Cash

RUBEN STEIN

In Paraguay zählt nur Cash

Erfahrungen einer deutschen Auswandererfamilie

Bibliografische Information der Deutschen Nationalbibliothek:
Die Deutsche Nationalbibliothek verzeichnet diese
Publikation in der Deutschen Nationalbibliografie; detaillierte
bibliografische Daten sind im Internet über dnb.dnb.
de abrufbar.

© 2022 Ruben Stein
Satz, Umschlaggestaltung, Herstellung und Verlag: BoD –
Books on Demand, Norderstedt
ISBN:978-3-7557-9713-5

Inhalt

Vorwort

Seit fast fünf Jahren leben wir nun schon in Paraguay, und wir haben in dieser Zeit noch nicht einen Tag bereut. Schon bei unserer ersten Paraguayreise im November 2016 war uns das lateinamerikanische Land ans Herz gewachsen. Aber nun, im Januar 2022, bekennen wir freimütig: Wir lieben dieses Land! Unsere Entscheidung, nach Paraguay auszuwandern, war im Rückblick goldrichtig.

Wir haben in diesen fünf Jahren unglaublich viel erlebt, zum Teil recht Abenteuerliches, wir haben tolle Menschen kennengelernt und großartige Erfahrungen gemacht. Und innerhalb von fünf Jahren bekommt man auch ein gutes Gefühl für die hiesige Mentalität, die sich deutlich von der deutschen Mentalität unterscheidet. Dieses Buch ist bewusst subjektiv gehalten, weil wir nur unsere persönlichen Erfahrungen und Eindrücke wiedergeben. Diese müssen sich keinesfalls mit den Erfahrungen und Eindrücken anderer Einwanderer decken. Wir haben bis jetzt sehr positive, aber natürlich auch einige weniger positive Erfahrung gemacht. Aber unterm Strich überwiegen die positiven. Deshalb empfehlen wir jedem an einer Auswanderung interessierten Leser dieses Land ausdrücklich. Das einzige, was man braucht, ist Geld.

Ein wichtiger Punkt sind die Lebenshaltungskosten. Wir haben diesem Thema ein eigenes Kapitel gewidmet.

Darüber hinaus gibt es einige Besonderheiten, die man kennen sollte, bevor man sich auf dieses Land einlässt. Auch darauf gehen wir ein. Subjektiv natürlich.

Unsere ersten achtzehn Monate in Paraguay (März 2017 bis September 2018) schildere ich in der Art eines Tagebuchs, weil ich mir damals viele Notizen mit genauem Datum gemacht hatte. Danach notierte ich mir keine präzisen Daten mehr, sondern schildere ich unsere Erlebnisse einfach aus der Erinnerung.

Unsere letzten Tage in Deutschland

Am 24. März 2017 sollte es für immer nach Paraguay gehen. Es waren keine drei Wochen mehr bis zu unserem Abflug, und organisatorisch kam es jetzt praktisch auf jede einzelne Stunde an. Das Packen überließ ich Maria – Frauen haben diesbezüglich mehr gesunden Menschenverstand als Männer –, aber ausruhen konnte ich mich natürlich nicht. Ich musste unser fünftes Buch »Paraguay – ein Paradies für Auswanderer« Korrektur lesen und freigeben, damit der Verlag alles Weitere veranlassen konnte – idealerweise noch vor unserem Abflug.

Von unserer Auswanderungsabsicht hatten wir nur ganz wenigen Menschen erzählt. Maria war schon immer der Überzeugung, dass Verschwiegenheit Gold wert ist. Die Verschwiegenheit ging bei ihr so weit, dass sie ihre härtesten Schauungen selbst vor mir verheimlichte. Das sagte sie mir auch ganz offen. Sie erklärte mir auch, weshalb es besser wäre, niemandem von unserer Auswanderungsabsicht zu erzählen: »Der Neid anderer Menschen kann den persönlichen Erfolg stark behindern. Er kann ihn sogar verhindern.« Folglich zogen wir nur jene Menschen ins Vertrauen, von denen wir wussten, dass sie garantiert nicht neidisch auf uns waren. Dazu zählten u.a. Hagay, Nurit und Meira. Nurit gab sich anfangs allerdings geschockt: »Paraguay? Da leben doch nur Nazis!« Das war natürlich völliger Quatsch, aber dieses Bild war fest in ihrem

Kopf verankert. Ich musste sie ernsthaft beruhigen und ihr verständlich machen, dass wir nicht mehr in den Fünfzigerjahren lebten.

Meira aus Tel Aviv gab sich da schon deutlich entspannter. Sie liebte unsere Tochter über alles und fragte, wann sie sie sehen könnte. Ich schrieb ihr, dass wir uns in Paraguay ja erst mal einleben müssten, aber vielleicht könnten wir uns ja später in Brasilien treffen, da gäbe es schließlich wunderschöne Strände. Oder wir träfen uns im Dezember in den USA. Wir hatten gehört, dass die Vorweihnachtszeit in New York City wunderschön sein soll. Tante Meira schrieb mir zurück, dass sie New York für die eindeutig bessere Alternative hielt.

Dienstag, 7. März 2017: Wir schauten abends die Tagesschau und staunten nicht schlecht über Erdogans Auslassungen über Europa und über einzelne europäische Politiker. Maria, die wie immer weit in der Zukunft war, sagte dann so ganz nebenbei: **»Erdogan flieht wahrscheinlich nach Katar.«** Ich erinnerte mich, dass sie mir schon Anfang 2016 auf meine Frage, wie sich der Sturz Erdogans denn konkret ausnehmen werde, geantwortet hatte: **»Entweder wird er ermordet, oder er flieht in ein islamisches Land.«** Ehrlich gesagt, verschwendete ich keinen Gedanken mehr an Erdogans Schicksal. Unabhängig von der tatsächlichen Reihenfolge der bald eintretenden Ereignisse wusste ich ja, dass der ganze Nahe Osten umgekrempelt und letztendlich ein unabhängiges Kurdistan entstehen würde.

Freitag, 10. März 2017: Am Vormittag erhielt ich einen überraschenden Anruf eines israelischen Sicherheitsexperten. Details unseres Telefonats werde ich an dieser Stelle selbstverständlich nicht preisgeben, auch nicht seinen Namen, aber ein Punkt erscheint mir doch erwähnenswert. Als er mit mir über einen Termin im Mai 2017 sprechen wollte, sagte ich: »Da bin ich schon nicht mehr in Deutschland. Ich wandere mit meiner Familie noch im März nach Paraguay aus. Wie Sie viel besser wissen als ich, ist Deutschland nicht mehr sicher.« Er sagte: »Sie wissen, dass es auf der Welt nur ein einziges Land gibt, in dem man als Jude wirklich sicher lebt.« »Ja, Israel«, sagte ich. »Genau. Wir bekämpfen das Übel nämlich schon, bevor es sich entfalten kann.« »Das weiß ich«, erwiderte ich. »Aber in Deutschland wird's halt anders gehandhabt.« In Wirklichkeit war es natürlich noch viel schlimmer: In Deutschland wurde das Übel nämlich nicht nur nicht ausreichend bekämpft – nein, sobald das Übel zugeschlagen hatte, wurde seitens der Politik und der Medien auch noch massiv vertuscht. »In Paraguay wird es in zehn Jahren aber auch nicht mehr sicher sein«, meinte er. Diese Aussage überraschte mich. »Wie kommen Sie darauf?«, wollte ich wissen. »Ich bin halt Historiker«, sagte er. Eine nähere Begründung für seine These lieferte er mir allerdings nicht. Deshalb erzählte ich ihm auch nicht, was ich von Maria über das weitere Schicksal Israels und Paraguays erfahren hatte: **Israel würde von den Moslems, insbesondere vom Iran angegriffen und dabei größtenteils zerstört werden. Und in einer anderen Eskalationsstufe des**

großen Weltgewitters würden auch sehr viele Brasilianer und Argentinier nach Paraguay flüchten – **gerade weil Paraguay so sicher war.** Eine präzise Zeitangabe für den Eintritt dieser Schauungen habe ich von Maria allerdings nicht erhalten. Sie sagte damals nur: **»Das dauert noch einige Jahre.«** Das einzige Mal, wo sie sich im Zusammenhang mit Paraguay auch zeitlich sicher war, betraf die große Einwanderungswelle von Deutschen nach Paraguay: **»So ungefähr ab dem Jahr 2019 beginnt die ganz große Auswanderungswelle von Deutschen nach Paraguay. Die nehmen hier dann jede Bruchbude. Hauptsache, sie kommen lebend aus Deutschland raus.«**

An diesem Freitagabend kamen wir wieder einmal auf unsere Verwandten zu sprechen, die alle hätten auswandern können, als dies noch mit Leichtigkeit möglich war. Die offensichtliche Blindheit unserer Verwandten hatte für mich etwas Faszinierendes. Praktisch alle kannten die Fakten aus den alternativen Medien, trotzdem wurden diese Fakten durch irgendeinen geheimnisvollen Mechanismus in ihrem Kopf verdrängt. Was hielt sie wirklich von einer Auswanderung in ein sicheres Land ab? Maria hatte wie so oft eine interessante Antwort: **»Die haben nicht genug Gutes getan, so dass Gott ihnen nicht rechtzeitig die Augen geöffnet hat.«**

Montag, 13. März 2017: Der fünfte Ruben-Stein-Band, »Paraguay – ein Paradies für Auswanderer«, ist erschienen. Interessanterweise am 72. Tag des Jahres.

Sie erinnern sich vielleicht an das, was ich Ihnen in jenem Buch über die Zahl 72 erzählt habe. Dass das Buch ausgerechnet am 72. Tag des Jahres erschien, war Zufall. Jedenfalls habe ich diesen Veröffentlichungstermin nicht bewusst geplant.

Mittwoch, 15. März 2017: Heute wurde unser Hausrat verpackt.

Donnerstag, 16. März 2017: Maria war ganz aufgelöst: In dem ganzen Umzugswirrwar war einer ihrer Lieblingsohrringe abhandengekommen. Sie hatte alles abgesucht – nichts! Der Ohrring blieb verschwunden. »Bist du katholisch oder was?«, fragte ich sie. »Wieso?«, fragte sie zurück. »Weil Katholiken für jedes Anliegen einen Heiligen im Himmel haben«, sagte ich. »Wenn ein Katholik etwas verloren hat, dann sucht er nicht selbst, sondern lässt den Heiligen Antonius suchen.« Maria richtete ihren Blick umgehend zum Himmel: »Heiliger Antonius, bitte, bitte, bring mir meinen Ohrring zurück!« Keine zwei Minuten später hatte sie ihren Ohrring wiedergefunden.

Ehrlicherweise muss gesagt werden, dass es natürlich auch Fälle gibt, in denen der verlorene Gegenstand nicht sofort wiederauftaucht. In einem solchen Fall wird man deshalb etwas lauter: »Heiliger Antonius, blamier dich nicht!« Spätestens jetzt wird der Heilige reagieren. Dass dies die Wahrheit ist, kann ich Ihnen bezeugen: Ich habe noch niemals einen verschwundenen Gegenstand nicht innerhalb kürzester Zeit wiederbekommen.

An diesem Donnerstag besuchten wir am späten Nachmittag unsere Freunde Gerd und Juliane. Da unser Hausrat inzwischen von der Spedition abgeholt worden war, mussten wir ja die verbleibenden Tage bis zum Abflug irgendwo wohnen. Gerd und Juliane hatten uns großzügig ihr Haus angeboten. Ab morgen, Freitag, würden wir bei ihnen für eine Woche übernachten. Als wir im Wohnzimmer saßen, sagte Juliane: »Eigentlich hatte ich ja mit euch nach Ungarn ausreisen wollen.« Daraufhin sagte Maria: **»Auch Polen und Ungarn werden sich nicht dauerhaft abschotten können. Ganz Europa wird schwarz.«** Und mit »schwarz« meinte sie offensichtlich nicht katholisch. »Meine Schwester lebt in Norwegen«, meinte Juliane. »Vielleicht kann ich bei ihr wohnen.« Maria sagte ihr daraufhin das, was sie auch mir schon mehrmals gesagt hatte: **»Norwegen ist auf jeden Fall sicher.«**

Freitag, 17. März 2017: Wir zogen mit drei großen Koffern bei Gerd und Juliane ein. Um neunzehn Uhr gab es im kleinen Salon ein Gebetstreffen mit rund zehn Personen. Juliane stellte uns ihren Gästen vor und erwähnte dabei, dass wir in einer Woche nach Paraguay auswandern würden. Daraufhin sagte eine ältere Dame: »Paraguay? Da sind Sie aber mutig!« Ich nickte lächelnd, war aber stark versucht zu sagen: Irrtum! Diejenigen, die in Deutschland bleiben wollen, sind die wahrhaft Mutigen.

Montag, 20. März 2017: Beim Frühstück erzählte uns Juliane, dass sie wegen einer schnellen Flucht nach

Norwegen mit ihrer Schwester telefoniert hätte. Da sei es zwar dunkel, aber immerhin sicher. Maria sagte daraufhin, dass Norwegen eine sehr gute Wahl und die Dunkelheit das geringste Übel sei. Abstriche müsse man bei seiner Flucht fast überall machen. Und dann setzte sie hinzu: »Lieber knabbere ich in Paraguay am Maiskolben, als dass ich mir das Irrenhaus Deutschland weiterhin antue.«

Beim Frühstück kamen wir auch auf den Papst zu sprechen. Als Katholik folgt man zwar automatisch dem jeweiligen Heiligen Vater, aber bei Papst Franziskus konnte ich ein gewisses Störgefühl einfach nicht ablegen. Dieses Gefühl hatte ich bereits in dem Moment, als ich zum ersten Mal den Namen Bergoglio hörte. Und wie ich später erfuhr, ging es vielen anderen Katholiken genauso. In den alternativen Medien hielt sich nach wie vor das Gerücht, dass der damalige US-Vizepräsident Joe Biden im Juni 2011 nur deshalb im Vatikan bei Papst Benedikt XVI. zu Besuch war, um den Papst zum Rücktritt aufzufordern. Das Gerücht besagte auch, dass Biden dem Papst relativ schnell klargemacht habe, dass im Falle der Nichtbefolgung die Vatikanbank auch weiterhin vom internationalen Geldkreislauf abgekoppelt bleiben würde. Im Klartext hieß das, dass die Obama-Administration den konservativen Benedikt durch den »linken« Franziskus ersetzt haben wollte.

Dienstag, 21. März 2017: In den deutschen Medien gab es mal wieder Kritik an Ivanka Trump. Nichts als

Neid auf eine sehr schöne und hochintelligente Frau. Nur zur Erinnerung: Ivanka Trump hat Wirtschaftswissenschaften studiert und ihr Studium mit summa cum laude abgeschlossen – im Gegensatz zu den meisten deutschen Politikern.

Beim Abendessen sagte ich zu Gerd und Juliane: »Es gibt immer noch Leute, die nicht kapieren, was abgeht, oder die meinen, es werde schon nicht so schlimm kommen. Irrtum. Es wird fürchterlich. Vor allem für Deutschland. Das einzige, was dem einen oder anderen jetzt vielleicht noch helfen könnte, sind die Insiderbücher von Ruben Stein. Deshalb meine Bitte: Falls ihr von den Ruben-Stein-Büchern begeistert seid, empfehlt sie unbedingt weiter – Gott vergelt‹s –, denn Jesus will, dass sich möglichst viele Menschen retten können. Aber dafür benötigen diese Menschen die Insider-Informationen von Maria.«

Mittwoch, 22. März 2017: Bei Juliane kam es zu einer überraschenden Einsicht. Plötzlich wollte sie ebenfalls nach Paraguay. Auf diesen Beschluss mussten wir sofort mit einer Flasche Crémant anstoßen. »Jetzt muss ich nur noch den Gerd überzeugen«, sagte sie. Ich stellte für mich fest, dass die Gruppe der Paraguay-Interessierten allmählich wuchs, denn auch unsere Freunde Michaela und Aloys wollten sich für acht bis zehn Wochen Paraguay anschauen. Michaela träumte bereits von einer großen Farm für die Rinderzucht.

Rinderzucht ist natürlich so eine Sache, dachte ich. Da muss man höllisch aufpassen, dass man auch das geeignete Personal einstellt. Wenn man den falschen Oberaufseher engagiert, kann es passieren, dass er die Rinder nachts unter der Hand verkauft. Lügen und Klauen ist in Paraguay nämlich völlig normal, und bei den riesigen Weideflächen hier würde das anfangs sogar noch nicht einmal auffallen.

Donnerstag, 23. März 2017: Schon an den vergangenen Samstagen und Sonntagen hatten wir gute Freunde zum besten Italiener der Stadt eingeladen. Aber Juliane und Gerd hatten auf einen weiteren Abschiedsabend für uns bestanden: Sie hatten Christel, Rimma, Laura und Manuela für neunzehn Uhr eingeladen. Es wurde ein traumhafter Abend. Gegen Ende des Abends schenkte uns Manuela noch ein Gebetbuch, welches einer besonderen Verehrung des kostbaren Blutes Christi gewidmet war. Ich sagte ihr, dass die wichtigsten Mittel in diesen letzten Zeiten das Rosenkranzgebet und die Weihe an das Unbefleckte Herz Mariens seien. Manuela ergänzte: »Das stimmt, aber die Verehrung des kostbaren Blutes ebenso.« Ich hätte das Büchlein, das sie mir übergab, gern in den nächsten Tagen gelesen, aber ich hatte ein Zeitproblem: Die Verbesserung meiner Spanischkenntnisse war mir momentan wichtiger.

Freitag, 24. März 2017: Unsere Gastgeber hatten seit einigen Tagen einen polnischen Handwerker bei sich beschäftigt. Er hieß Leszek. Wann immer ich vor die

Tür zum Rauchen ging, kam Leszek zu mir und erzählte mir in gebrochenem Deutsch, wie wichtig das regelmäßige Studium der Bibel sei. Bei der heutigen Morgenzigarette erzählte er mir von seinem Bein, das vor fünf Jahren um ein Haar hätte amputiert werden müssen. Er hatte sich damals im Krankenhaus an unsren Herrn und Erlöser gewandt: »Jesus, wenn du mein Bein wiederherstellst, dann verspreche ich dir, dass ich nie wieder einen Schluck Alkohol trinken werde.« Das Unglaubliche geschah. Leszeks Bein wurde entgegen jeder Wahrscheinlichkeit wieder gesund, und die Ärzte sprachen von einem Wunder. Seit jenem Tag hätte er nie wieder einen Tropfen Alkohol angerührt, versicherte er mir.

Um 13.30 Uhr fuhr uns Juliane zum Bahnhof. Von dort ging es mit dem ICE zum Frankfurter Flughafen.

Gegen 19.30 Uhr startete unsere Boeing 737 in Frankfurt. Wir landeten um 21.40 Uhr in Madrid. Um 0.20 Uhr ging es mit dem Airbus 330 weiter nach Asunción.

Die ersten drei Monate in Paraguay

Das Freiheitsgefühl bei unserer Landung in Asunción war unbeschreiblich. So ähnlich müssen sich die Menschen in der ehemaligen Ostzone gefühlt haben, als am 9. November 1989 die Mauer fiel. Unsere Maschine setzte am Samstag, den 25. März 2017 um 7.45 Uhr Ortszeit auf paraguayischem Boden auf. Die Kirche feierte das Fest »Verkündigung des Herrn«.

Die erste Woche verbrachten wir im Hotel Guaraní. Und das erste Telefonat galt natürlich Bettina Müller, unserer Einwanderungshelferin. »Eure Daueraufenthaltsgenehmigungen habe ich bereits«, sagte sie, »und eure cédulas erwarte ich in den nächsten Tagen.« Wow! Die cédula war der paraguayische Personalausweis – ein sehr wichtiges Dokument, das man u.a. für die Eröffnung eines paraguayischen Bankkontos benötigt.

Die ersten Tage taten wir praktisch nichts. Wir genossen einfach nur das herrliche Wetter, dass Essen, das Bier und die freundlichen Menschen. Nach all dem Stress der vergangenen Wochen wollten wir einfach nur abschalten.

Wenn wir am frühen Morgen auf unserer Terrasse im 12. Stock des Hotels Guaraní standen und in Richtung Norden und Westen durch die Hochhäuser hindurch bis zum Horizont blickten, bekamen wir Glücksgefühle. Die Luft war kristallklar. Das Land war weit und saftig grün. Wir spürten hier die gleiche unendliche Freiheit und den gleichen Segen und Schutz, die wir auch im Mai 2015 anlässlich unseres Urlaubs in Oberbayern gespürt hatten. Die Muttergottes von Caacupé breitete ihren Schutzmantel über Paraguay aus.

Wir konnten jetzt natürlich nicht wochenlang im Hotel Guaraní leben, schließlich waren wir jetzt keine Touristen mehr, sondern Einwanderer. Eine Woche im Hotel war ja okay, aber danach musste was Preiswerteres her. Wir hatten das Hotel nur für die Zeit vom 25. März bis zum 1. April gebucht. Es wurde also Zeit, unserer Einwanderungshelferin eine Mail zu schreiben und sie nach einer für uns geeigneten Pension zu fragen.

Mittwoch, 29. März 2017: Bettina schrieb umgehend zurück und nannte uns die Kontaktdaten einer Pension ein paar Kilometer östlich vom Hotel Guaraní. Der Name der Pension lautete Don Gerardo Apartamentos. Ich ging auf deren Website und wusste sofort, dass das der geeignete Platz für uns war. Der Preis stimmte, und Garten und Pool waren ebenfalls vorhanden. Dort würden wir solange wohnen bleiben, bis wir ein geeignetes Häuschen oder eine geeignete Wohnung gefunden hätten – vorausgesetzt, in der Pension war noch etwas frei. Wir schnappten uns ein Taxi, fuhren einfach vorbei und klingelten. Die Dame des Hauses, Señora Graciela, öffnete uns mit einem strahlenden Lächeln und erkundigte sich nach unseren Wünschen. Wir hatten Glück. Ich erklärte ihr, dass unser Container voraussichtlich erst am 21. Mai in Asunción eintreffen würde. Kein Problem. Sie sagte, dass wir uns ein Apartment aussuchen und solange bleiben könnten, wie wir wollten.

Heute stellte ich ganz nebenbei fest, dass sich die Zeitdifferenz zu Deutschland geändert hatte. Deutschland hatte die Uhren um eine Stunde vorgestellt (Sommerzeit), Paraguay um eine Stunde auf Normalzeit zurückgestellt. Statt der gewohnten vier Stunden betrug der Unterschied zu Deutschland nun sechs Stunden.

Auf der Suche nach preiswerten und guten Zigaretten entdeckten wir eine neue Marke: Palermo. Der Eigentümer der Marke Palermo soll übrigens Horacio Cartes (Paraguayischer Staatspräsident von 2013 bis 2018) sein. Die Stange mit zehn Schachteln à zwanzig Zigaretten kostete Gs. 40.000. Bei einem Wechselkurs von 1 Euro = 6.200 Guaraníes im Jahre 2017 waren das also 6,45 Euro. Die einzelne Schachtel mit 20 Zigaretten kostete umgerechnet also nur 65 Cent! Ein Jahr später kostete die Stange aber bereits Gs. 45.000. In Euro blieb sich das aber gleich, denn während in 2017 für einen Euro durchschnittlich 6.200 Guaraníes hingeblättert werden mussten, waren es in 2018 schon fast 7.000 Guaraníes.

Am Abend des 30. März 2017 kam endlich die ersehnte E-Mail von Bettina. Sie hatte nun auch unsere cédulas (paraguayischer Personalausweis) erhalten, so dass wir jetzt alle Papiere zusammen hatten.

Maria maulte: »Ich seh dich immer nur Grammatik pauken. Lern doch lieber Vokabeln, damit die Leute dich auch verstehen.« Und dann zeigte sie mir das kleine Büchlein, das sie von unserer Freundin Laura geschenkt bekommen hatte: »PONS Bildwörterbuch – 1.500 nützliche Wörter für den Alltag – Spanisch Deutsch, Español – Alemán«. Ich blätterte es kurz durch. Absolut empfehlenswert!

Freitag, 31. März 2017: Ich bekam eine E-Mail von unserer Hamburger Spedition. Unser Container würde über Buenos Aires (Argentinien) gehen und wahrscheinlich am 21. Mai Asunción erreichen. Wir freuten uns sehr auf dieses Datum, wussten zu diesem Zeitpunkt allerdings noch nicht, dass Buenos Aires ein traditionell gestörtes Verhältnis zu Paraguay hat. Sie schikanierten die Paraguayer, wo sie nur konnten. Aber dazu komme ich später. Ich will den Ereignissen nicht vorgreifen.

In der Nacht vom 31. März auf den 1. April gab es in Asunción schwere Unruhen. Gegen 23 Uhr wurde es ziemlich laut vor unserem Hotel. Ich stieg aus dem Bett und ging hinaus auf die Terrasse. Ich hatte zwar schon am Mittwochmorgen (29. März) in der Straße, die vor unserem Hotel verlief, eine größere Demonstration beobachtet, mir aber nichts dabei gedacht. Heute Nacht war das anders: Fast jede Straßenkreuzung brannte, und es wurde ordentlich geballert. Das Tränengas stieg hinauf bis zu unserer Terrasse im 12. Stock. Ich schloss sofort alle Fenster, ging ins

Badezimmer und wusch meine brennenden Augen mit kaltem Wasser aus. Erst später erfuhren wir den Grund: Am Dienstag (28. März 2017) hatten sich Regierungs- und Oppositionsvertreter innerhalb weniger Stunden darauf geeinigt, eine Verfassungsänderung zu verabschieden, mit der der Präsident künftig für eine einmalige Wiederwahl im Amt hätte kandidieren können – eine Möglichkeit, die seit 1992 zur Sicherung der Demokratie nicht vorgesehen war. Daraufhin waren in Asunción sofort Tausende von Bürgern auf die Straße gegangen, um ihrem Unmut über diesen »parlamentarischen Staatsstreich« Luft zu machen. Und in der Nacht von Freitag auf Samstag brannten dann diverse Straßenkreuzungen.

Samstag, 1. April 2017: Die Woche im Hotel Guaraní verging wie im Fluge. Wir checkten aus, und der Hotelshuttle brachte uns zu unserer neuen Unterkunft, den Don Gerardo Apartamentos – ein kleines Paradies, wo wir die nächsten zehn Wochen wohnen sollten. Graciela, die Inhaberin, führte uns in ein Appartement im 1. Stock. Es verfügte über eine kleine überdachte Terrasse mit Blick auf einen sehr gepflegten tropischen Garten mit Pool. Gegen 16 Uhr kam uns Bettina besuchen. Sie übergab uns unsere endgültigen Daueraufenthaltsgenehmigungen sowie unsere cédulas. Ein großer Schritt war damit getan. Nun besprachen wir die nächsten Schritte: Wir brauchten einen festen Wohnsitz und ein Konto bei einer paraguayischen Bank. Bettina nannte uns eine Website, auf der wir ggf. ein geeignetes Mietobjekt finden würden.

Montag, 3. April 2017: Wir telefonierten rund eine Stunde lang mit unseren Freunden Marcus und Andrea in Deutschland. Sie ließen sich ausführlich berichten. Ihr Interesse an einem Leben in Freiheit und Sicherheit war groß. Marcus besitzt sowohl die deutsche als auch die US-amerikanische Staatsbürgerschaft sowie eine deutsche Approbation als Arzt. Er wollte wissen, ob er in Paraguay als Arzt arbeiten könnte. Ich sagte ihm, dass ich mich mit seinem Anliegen an Bettina wenden würde.

Dienstag, 4. April 2017: Ich war jeden Tag auf der Website, die mir Bettina genannt hatte, weil ich nach einem passenden Domizil für uns suchen musste. Heute hatte ich etwas gefunden: Ein »dúplex« (Doppelhaushälfte) in San Lorenzo. Ich rief die genannte Mobilnummer an und vereinbarte einen Termin mit einem Mann, der sich mir als Lucas vorstellte. Ich nannte ihm die Adresse unserer Pension, und er versprach uns, dass er uns am nächsten Morgen um neun Uhr dort abholen würde. Zu jenem Zeitpunkt wussten wir noch nicht, dass Lucas noch eine große Hilfe für uns werden würde. Er half uns, wo immer er konnte, ohne dass er auch nur einen Cent von uns annahm. Er sagte, dass ihm der Segen Gottes als Gegenleistung für seine Hilfestellung wichtiger sei. Nun ja, wir blieben zwar grundsätzlich misstrauisch, waren aber jetzt erst mal froh, dass wir jemanden hatten, auf den wir uns verlassen konnten.

Mittwoch, 5. April 2017: Lucas kam pünktlich um neun. Das war schon sehr außergewöhnlich, weil Pünktlichkeit nicht gerade die Stärke der Paraguayer ist. Er hatte seine Frau Lili mitgebracht, die zumindest etwas Englisch konnte. Als wir im Wagen saßen, sagte er, dass er ein weiteres interessantes Objekt für uns hätte, und zwar eine Mietwohnung in Fernando de la Mora. Dort sollten wir zuerst hinfahren. Wir waren einverstanden. Das Gebäude, in dem sich die Mietwohnung befand, war nagelneu und ließ bereits von außen europäischen Standard erahnen. Als Lucas die Wohnungstür für uns öffnete, waren die Anstreicher noch bei der Arbeit. Wir wären also die Erstbezieher. Nach der Besichtigung waren Maria und ich dermaßen begeistert, dass wir auf die Besichtigung des dúplex verzichteten. Für paraguayische Verhältnisse war die Wohnung allerdings auch etwas teuer. Ich wollte wissen, wer der dueño, also der Vermieter dieses modernen Wohnkomplexes war. Lucas nannte uns seinen Namen, ließ dabei aber nicht unerwähnt, dass es sich um eine bedeutende paraguayische Persönlichkeit handeln würde. Später lernten wir diesen Mann auch persönlich kennen.

Palmsonntag, 9. April 2017: Wir begannen die Santa Semana mit einem herrlichen Pontifikalamt in der Kathedrale von Asunción.

Montag, 10. April 2017: In unserem ersten Paraguay-Buch hatte ich geschrieben, dass hier jeder Einwanderungswillige zunächst seine Solvenz nachweisen muss. Dies geschieht, indem man bei der Zentralbank oder bei einer ihrer Zweigstellen zunächst einmal

25 Millionen Guaraníes in bar einzahlen muss. Da wir unsere cédulas aber inzwischen hatten, wurde natürlich auch das eingezahlte Geld wieder frei. Folglich ging ich zur Bank, und nach Vorlage meiner cédula hielt ich meine Einlage problemlos zurück. Danach telefonierte ich mit Lucas und sagte ihm, dass wir die Wohnung in Fernando de la Mora zum 1. Mai nehmen würden. Lucas freute sich, erwähnte aber auch, dass sich der dueño jetzt für vierzehn Tage in Argentinien aufhielte. Wir müssten uns mit dem Mietvertrag also noch etwas gedulden.

Gründonnerstag, 13. April 2017: In Paraguay war heute Feiertag (Jueves Santo), und wir machten die Erfahrung, dass das Taxifahren an Sonn- und Feiertagen 15 Prozent teurer ist als an Werktagen.

Karsamstag, 15. April 2017: Ich musste mal wieder dringend zum Friseur. Bei Osvaldo Bucci im Einkaufszentrum Shopping del Sol wollte ich mir die Haare schneiden lassen. Ich sagte der Frisöse ausdrücklich »doce milímetros« (zwölf Millimeter), aber statt »doce« verstand sie »dos« (zwei). Auch egal. Als ich es bemerkte, war es bereits zu spät.

Auf MMNEWS erschien heute ein Artikel über die Massenflucht aus Deutschland: **»2015 sind fast 1 Million Deutsche aus Deutschland geflüchtet. 2016 dürften es noch mehr sein. Insgesamt haben Schätzungen zufolge bisher 4,5 Millionen gut gebildete, vermögende Deutsche ihre Heimat verlassen.«**

Wen wundert's?

Am Abend, als wir wieder in unserer Pension waren, wurden wir Zeugen eines gigantischen Wolkenbruchs. Daraufhin gab es gegen zweiundzwanzig Uhr einen mehrstündigen Stromausfall. Es sollte nicht der letzte Stromausfall in Paraguay sein. Entweder man kann damit leben, oder man legt sich einen Generator zu.

Ostersonntag, 16. April 2017: In der Kathedrale würde es heute wieder brechend voll werden. Deshalb waren wir schon fünfundvierzig Minuten vor Messbeginn dort. Ich ging zu einem der Beichtstühle und fragte den Priester, bei wem ich in englischer oder deutscher Sprache beichten könnte. Er verwies auf den Beichtstuhl zu seiner Rechten, in dem der Erzbischof saß. Dieser spräche zumindest Englisch. Ich bedankte mich bei ihm und beichtete anschließend beim Erzbischof Monseñor Edmundo Valenzuela.

Um elf Uhr begann das feierliche Pontifikalamt. Es wurde zu einem Fest für Augen und Ohren. Praktisch jedermann praktizierte hier die Mundkommunion. Die Handkommunion war im Jahre 2017 also eher die Ausnahme. Das änderte sich erst im Zuge des ersten Pandemie-Jahres 2020. Ab da durfte nur noch die Handkommunion gereicht werden. Erst jetzt, im Januar 2022, wo ich diese Zeilen schreibe, kehren viele Gläubige wieder zur Mundkommunion zurück. Es gibt übrigens noch eine Besonderheit gegenüber Deutschland: Man kann hier auch das Blut Christi empfangen, weil der Priester die konsekrierte Hostie kurz in den konsekrierten Wein eintaucht, bevor er sie einem auf die Zunge legt.

Am Abend kamen Maria und ich mal wieder kurz auf ihre Prophezeiungen zu sprechen. Bezüglich der zu erwartenden gewaltsamen Auseinandersetzungen in Deutschland sagte sie, **dass sich zuerst die Ausländer untereinander bekriegen** würden. **Die Deutschen würden sich erst ganz zum Schluss in den Migrantenkrieg einmischen.**

Mittwoch, 19. April 2017: Wie übrigens in ganz Lateinamerika, so sind auch in Paraguay die Frauen sehr emanzipiert und in jeder Hinsicht den Männern gleichgestellt. Vom legendären machismo haben wir in den fünf Jahren, die wir hier bereits leben, noch nichts bemerkt. Im Gegenteil: In Paraguay haben die Frauen das Sagen. Das heißt aber nicht, dass die Männer Weicheier sind. Sie sind durchaus maskulin, so wie die Frauen durchweg feminin sind. Normal halt.

Auf der Rückfahrt von der Shopping Mall Excelsior zu unserem Appartement sprach ich viel mit dem Taxifahrer, damit sich mein Castellano verbesserte. Zuerst hielt er uns für Amerikaner (das lag wohl an meinem unfreiwilligen Stoppelhaarschnitt), aber als er erfuhr, dass wir Deutsche waren, schwärmte er von dem deutschstämmigen Diktator Alfredo Stroessner, der Paraguay in der Zeit von 1954 bis 1989 regiert hatte. »Die Zeit unter Stroessner war die schönste Zeit meines Lebens«, schwärmte er. »Unter Stroessner gab es Sicherheit.« Früher hätte man zu jeder Tages- und Nachtzeit auf die Straße gehen können, aber jetzt wäre Paraguay unsicher. Stroessner hätte »con una mano dura« (mit harter Hand) regiert.

Ungewöhnlich viele Straßen in Asunción sind nach berühmten Militärs und großen Heiligen benannt. Das verwundert nicht, denn Militär und Kirche sind schon seit Ewigkeiten die beiden tragenden Säulen Paraguays.

Egal wo wir waren, die Reaktionen der Paraguayerinnen auf unsere Tochter (blond und blauäugig) waren immer gleich: »princesa«, »preciosa«, »hermosa«, »linda«. Die paraguayischen Frauen lieben nun mal blondes Haar, blaue Augen und weiße Haut. Wer hier als Europäer seinen Marktwert erhalten möchte, sollte sich deshalb nicht allzu sehr der Sonne aussetzen. Großgewachsene Männer mit blondem Haar und blauen Augen sind hier sehr begehrt, da sich viele Frauen ein weißes Kind mit blondem Haar und blauen Augen wünschen.

Donnerstag, 20. April 2017: Aus den Medien erfuhren wir, dass die Lage in Venezuela eskalierte. Schon drei Tote. Die Sozialisten hatten eines der reichsten Länder der Erde in Grund und Boden gewirtschaftet. Sogar die Zootiere wurden bereits aufgefressen. Deutschland erwartete laut Maria in einigen Jahren das gleiche Schicksal – die Deutschen wussten es bloß noch nicht.

Freitag, 21. April 2017: Heute besorgten wir uns im Tigo Shop zwei paraguayische Prepaidkarten.

Samstag, 22. April 2017: Um halb neun Uhr wurden wir von Basilio abgeholt. Basilio war Immobilienmakler. Er sprach ein halbwegs akzeptables Englisch. Die Eigentümerin der Don Gerardo Apartamentos, Graciela, hatte uns diesen Kontakt vermittelt. Basilio fuhr mit uns nach Luque zu einem Haus mit drei dormitorios. Die monatliche Miete belief sich auf 500 USD, aber das Objekt lag unseres Erachtens zu weit vom Stadtzentrum entfernt.

Montag, 24. April 2017: Heute telefonierte ich mit einem israelischen Freund. »Was macht ihr eigentlich den ganzen Tag?«, fragte er. Nun, was sollte ich ihm sagen? Wir arbeiteten unser Pflichtprogramm ab, denn noch waren wir ja nicht wirklich am Ziel. Wenn wir nicht gerade unterwegs waren, hingen wir in Gracielas tropischem Garten ab. Graciela besaß zwei Hunde und eine Katze, sehr zur Freude unserer Tochter. Und jeden Abend gegen halb sieben Uhr kam uns dann ein Gecko-Pärchen auf unserer Terrasse besuchen. Geckos bringen bekanntlich Glück.

Maria schaltete den Fernseher ein. Es liefen gerade Nachrichten: Fünf Kilometer von uns entfernt, in Los Laureles, wurde gestern ein Einbrecher vom Hauseigentümer überrascht und sofort von ihm erschossen. »In Deutschland würde der Hauseigentümer jetzt vor Gericht stehen«, sagte ich. Marias Antwort: »Und

in Paraguay sagt die Polizei: Ein Arschloch weniger.«
In Paraguay schützt der Staat das Opfer – nicht den
Täter!

Dienstag, 25. April 2017: Heute hatten die Medien nur
ein Thema: Den Raubüberfall in Ciudad del Este (Ciudad del Este liegt im Dreiländereck Paraguay, Argentinien und Brasilien). Die Räuber, die dem brasilianischen PCC, eine der mächtigsten Mafiaorganisationen
Südamerikas, zugerechnet wurden, hätten angeblich
30 Millionen USD von dem Sicherheitsunternehmen
Prosegur geraubt. Die ungefähr fünfzig Gangster waren mit einer bisher nicht gekannten Waffengewalt und
Rücksichtslosigkeit vorgegangen. Sie hatten Grana-
ten, Dynamit, Schnellboote, Luftabwehrgeschütze und
gepanzerte Fahrzeuge eingesetzt. Außerdem hatten
sie mehr Munition als die paraguayischen Sicherheits-
kräfte. Die nächtlichen Gefechte sollen drei Stunden
gedauert haben.

Mittwoch, 26. April 2017: Am Vormittag fuhren wir nach
Luque. Zuerst besuchten wir die wunderschöne Kirche
Virgen del Rosario, danach machten wir einen langen
Spaziergang durch die friedvollen Straßen. In Luque
gab es deutlich weniger Wachpersonal als auf den
Straßen Asuncións. Irgendetwas erinnerte mich hier
an eine verschlafene amerikanische Kleinstadt.

Um vierzehn Uhr trafen wir uns mit Lucas in Fernando
de la Mora vor dem Appartementkomplex, in dem die
Wohnung lag, die wir bereits vor drei Wochen besich-

tigt hatten und von der wir dermaßen angetan waren, dass wir sie spontan genommen hatten. Lucas hatte im Erdgeschoss sein Büro. Wir traten ein, setzten uns an den kleinen Konferenztisch, und er überreichte uns den Mietvertrag. Da wir Ausländer waren, sollten wir eine Kaution in Höhe von zwei Monatsmieten hinterlegen. Außerdem hatte der Vertrag eine Laufzeit von nur einem Jahr, was aber in Paraguay die Regel ist. Nach Ablauf dieses einen Jahres konnte uns natürlich eine böse Überraschung erwarten. Am Abend sagte mir Maria, dass die Gegend, in der unsere Mietwohnung lag, in zwei Jahren zum bevorzugten Wohngebiet aufsteigen würde. Das Risiko einer dramatischen Mietpreiserhöhung lag also auf der Hand.

Donnerstag, 27. April 2017: Da wir den Mietvertrag noch nicht unterschrieben hatten, konnten wir uns vorerst noch ein weiteres interessantes Objekt anschauen. Um fünfzehn Uhr zeigte uns der englischsprachige Anibal, ein Mitarbeiter von Basilio, ein dúplex in Luque. Das Objekt war eigentlich ganz nett, lag auch relativ nahe am Zentrum, aber wir hätten darin noch so viel machen müssen, dass wir ablehnten und uns nun doch endgültig für die Neubauwohnung in Fernando de la Mora entschieden.

Freitag, 28. April 2017: Lutz und Bettina holten uns um 19.15 Uhr von den Don Gerardo Apartamentos ab. Wir fuhren in den Stadtteil Villa Morra, im Herzen Asuncións, zum Paulista Grill, einer brasilianischen Churrasquería. Das riesige All-you-can-eat-Lokal – hell und kühl wie es die Brasilianer nun mal lieben – war bis auf den letzten Platz besetzt. Und die Kellner kamen mit den Fleischspießen an den Tisch. Ich hatte den Mietvertrag dabei, um ihn von Bettina prüfen zu lassen. Es war ein ganz normaler Mietvertrag.

Samstag, 29. April 2017: Wir stellten fest, dass die Preise für lomito (feinstes Rinderfilet) angezogen hatten. Maria hatte im Supermarkt SuperSeis für 1.480 Gramm lomito 69.486 Guaraníes bezahlt. Bei einem Wechselkurs von 1 Euro = Gs. 6.200 entsprach dies einem Kilopreis von 7,57 Euro. Das war immerhin noch deutlich billiger als in Deutschland, wo das Kilo Rinderfilet zuletzt kaum unter 40 Euro zu haben war.

Jeder erzählt über Paraguay etwas anderes, weil jeder hier seine eigenen Erfahrungen macht. Ein Deutscher, der hier schon seit vielen Jahren lebt, regte sich fürchterlich über das angeblich rücksichtslose Verhalten der Paraguayer im Straßenverkehr auf: »Den ganzen Tag über tranquilo, aber sobald sie im Auto sitzen, lassen sie die Sau raus.« Maria und ich können diese Erfahrung nicht teilen. Es stimmt zwar, dass die Mehrheit der Paraguayer tagsüber etwas antriebslos ist und erst so ab 18 Uhr zum Leben erwacht, aber im Straßenverkehr erleben wir das Gros der Autofahrer doch eher als rücksichtsvoll: Jedes Mal, wenn wir eine Straße zu Fuß überqueren wollen, halten die Autofahrer respektvoll an – eine Erfahrung, die wir in Deutschland nicht allzu oft gemacht haben. Einen völlig anderen Eindruck haben wir allerdings von den Mopedfahrern.

Jeder zweite Mopedfahrer fährt bei Dunkelheit ohne Licht. Den Grund für dieses Verhalten kennen wir nicht. Es führt allerdings, wie nicht schwer zu erraten, regelmäßig zu schwersten Unfällen. Auch mit Toten.

Und auch das Busfahren läuft hier vollkommen anders ab als in Deutschland. Graciela hatte uns bereits in den ersten Tagen unseres Don-Gerardo-Aufenthalts dazu geraten, statt des Taxis den Bus zu nehmen. Auch wenn Taxifahren in Paraguay deutlich billiger ist als in Deutschland – mit den hiesigen Buspreisen kann kein Taxi mithalten. Im Jahre 2017 bezahlte man 2.000 Guaraníes pro Person, umgerechnet also nicht mehr als 32 europäische Cent. Und man kann so weit fahren, wie man möchte. Allerdings muss man dazu sagen, dass die Busse mindestens sechzig Jahre alt sind (Mercedes, also unverwüstlich) und über kein Aircondition verfügen. Es gibt natürlich auch klimatisierte Busse, aber die kosten dann auch schon 3.300 Guaraníes (ca. 53 Cent) pro Person. Im Jahre 2018 zogen die Fahrpreise an: Der Fahrpreis für den Billigbus stieg von Gs. 2.000 auf 2.200, der Fahrpreis für den klimatisierten Bus von Gs. 3.300 auf 3.600.

Zum Busfahren stellt man sich einfach an die Straße und reckt den Daumen hoch, sobald man einen Bus erblickt. Der Billigbus hält auf jeden Fall, der klimatisierte Bus in der Regel nur an den offiziellen Bushaltestellen. Wenn einer der schon etwas betagteren Busse mal liegenbleibt, ist das auch nicht schlimm. Man reicht dem Fahrer sein Ticket und erhält dafür sein Geld zurück, steigt geordnet aus und wartet einfach auf den nächsten Bus.

Wenn der Bus anhält, kann es sein, dass auch ein Verkäufer zusteigt, seine Waren feilbietet und beim nächsten Halt wieder aussteigt. Das juckt hier keinen. Im Bus wird alles verkauft: Süßigkeiten, Apfelsinen, Brot, Chipas, Empanadas, Zahnpasta, Coca, Fanta, Hautcreme, Lotterielose, Spielfilme, Strümpfe und Heiligenbildchen von San Cayetano. Oftmals ertönt laute Musik. Niemand stört sich daran. Im Bus selbst hängen Jesus-, Marien- und Heiligenbildchen. Der Paraguayer ist halt katholisch. Wobei Maria mir mal sagte: »Katholisch schon, aber nicht römisch-katholisch, sondern eher natur-katholisch.« Sie bezog sich dabei auf die hohe Kohabitationsfrequenz der Paraguayer. Hier wird gevögelt, was das Zeug hält. Kirchlich verheiratet ist hier nur eine Minderheit. Die Paare leben eine Zeitlang zusammen, trennen sich und suchen sich dann neue Partner. Auf den Dörfern ist die Patchwork-Familie eher die Norm. Die Frau hat fünf Kinder, häufig von fünf verschiedenen Männern, und »die Männer spritzen«, wie Lucas mir mal wortwörtlich sagte, »ihren Samen verantwortungslos herum.«

Erschrecken Sie bitte auch nicht, wenn Sie in jedem zweiten Auto vorne einen Rosenkranz baumeln sehen. Das gehört in einem Land mit 92 Prozent Katholiken einfach dazu. Die übrigen 8 Prozent setzen sich überwiegend aus verschiedenen protestantischen Denominationen zusammen. Sie können in Paraguay glauben, was Sie wollen – niemand wird Sie hier wegen Ihres Glaubens diskriminieren. Ob Sie nun Atheist sind oder Zwiebelknollen in der Erde anbeten, das juckt hier keinen, schließlich ist Paraguay eines der freiesten und tolerantesten Länder der Welt.

Montag, 1. Mai 2017: Am Abend hörten wir uns auf der Terrasse ein paar schöne Schlager aus den Sechzigerjahren an: Peggy March (»Mit 17 hat man noch Träume«), Siw Malmquist (»Liebeskummer lohnt sich nicht«), Gitte (»Ich will nen Cowboy als Mann«) und Conny Froboess (»Zwei kleine Italiener«).

Dienstag, 2. Mai 2017: Heute sollte ein besonderer Tag werden. Wir würden den Mietvertrag unterschreiben und dabei den dueño, unseren Vermieter, persönlich kennenlernen. Maria hatte sich entsprechend gestylt und war heute ganz feine Dame. Für neun Uhr waren wir mit Lucas vor dem Shopping del Sol verabredet. Er kam zwanzig Minuten zu spät, was in Paraguay als überpünktlich gilt. Wir stiegen in seinen Pick-up, und er fuhr mit uns zum vereinbarten Treffpunkt.

Der dueño war ein sehr charismatischer Mensch, hatte einiges an Leibesfülle aufzuweisen, machte aber einen gutmütigen und jovialen Eindruck. Wir hatten bereits im Vorfeld erfahren, dass er eine exzellente Ausbildung in den USA genossen hatte, demzufolge verlief unsere ganze Konversation auf Englisch. Wir unterschrieben den Mietvertrag und bezahlten gleich die Miete für den Monat Mai inklusive der ersten Kaution.

Natürlich »en efectivo« (Cash), wie das in Paraguay nun mal üblich ist. Dann gab er mir seine private Mobilnummer, ebenso die Mobilnummer seiner Frau. Ich könnte mich jederzeit bei einem der beiden melden. Bei der Verabschiedung bat er uns, ihn künftig mit seinem Vornamen anzureden.

Maria hatte natürlich sofort das Psychogramm des dueños auf dem Schirm. Als wir wieder draußen waren, sagte sie: »Der Mann hilft den Armen, er tut unglaublich viel Gutes. Deshalb hat Gott ihm diese großartige Ausstrahlung geschenkt.«

Danach fuhren wir zu einer Bank, um ein Konto zu eröffnen. Das war im Grunde ganz einfach. Ich brauchte nur meine cédula, meinen deutschen Pass und den gerade unterschriebenen Mietvertrag vorzulegen. Das einzige, was noch fehlte, war das sogenannte Bank Statement, konkret: ein paar Kontoauszüge meines deutschen Kreditinstituts. Aber auch das war kein Problem. Ich hatte noch die Kontoauszüge vom März 2017 in meinem Koffer und sagte dem Bankangestellten, dass ich sie unverzüglich nachreichen würde.

Mittwoch, 3. Mai 2017: Maria sagte mir zum wiederholten Male, dass man regelmäßig Gutes tun müsse: **»Du weißt, wenn du jemandem Brot gibst, der hungert, kriegst du sehr viel von Gott.«**

Donnerstag, 4. Mai 2017: Am Vormittag fuhr ich zu meiner paraguayischen Bank und übergab dem

Bankangestellten meine letzten Kontoauszüge aus Deutschland. Er machte eine Fotokopie, reichte mir die Originale zurück und sagte dann, dass er mir jetzt eine E-Mail mit meinen SWIFT-Daten schicken würde. Diese hätte ich an meine deutsche Hausbank weiterzuleiten, damit diese das Geld, das ich hier anlegen wollte, nach Paraguay überweisen konnte.

Danach fuhren wir zum Centro Médico Bautista, um eine private Krankenversicherung für die ganze Familie abzuschließen. In Paraguay schließt man eine private Krankenversicherung immer mit einem Krankenhaus ab. Schon im Eingangsbereich des Bautista hing dessen Mission Statement: »Manifestamos el amor de nuestro Señor Jesucristo en todas nuestras acciones« – Wir drücken die Liebe unseres Herrn Jesus Christus in all unsrem Handeln aus.

Freitag, 5. Mai 2017: Um sieben Uhr fuhren wir erneut zum Bautista. Für acht Uhr hatten wir nämlich einen Termin zur Laboruntersuchung. Der erste Schritt führte allerdings wie immer zur Kasse. Die Gebühr belief sich auf Gs. 22.500 (ca. 3,63 Euro). Nach der Blutabnahme ging es zu einem Beratungsgespräch mit einem Arzt. Nach dem Gespräch ging es wieder ans Bezahlen: Gs. 70.000 (ca. 11,29 Euro). Um halb elf Uhr bekam ich meine Laborergebnisse ausgehändigt. Ich übergab sie dem Arzt. Er warf kurz einen Blick darauf und meinte nur: »Excelente.« Am Nachmittag gegen fünfzehn Uhr sollten wir wiederkommen und den fertigen Vertrag unterschreiben.

Der folgende Sonntag war ein fantastischer Tag. Wir hatten einen dunkelblauen Himmel bei 29 Grad. Zuerst ging es wie immer zur heiligen Messe in der Kathedrale, anschließend tranken wir einen Kaffee im Hotel Guaraní. Unsere Freude war groß, weil Emanuel Macron die Stichwahl gewonnen hatte. Ein Macron als französischer Staatspräsident würde zwar sowohl für die Franzosen als auch für Deutschland auf lange Sicht eine einzige Heimsuchung werden, aber für Maria und mich war der Ausgang der Wahl insofern gut, als wir unser Euro-Vermögen noch nicht vollständig in Guaraníes transferiert hatten. Ein Wahlsieg von Marine Le Pen hätte den Eurokurs sofort einknicken lassen. Aber nun, nachdem Macron das Rennen gemacht hatte, zog der Eurokurs umgehend an. Während es am Samstag noch Gs. 5.950 für einen Euro gab, gab es nur Stunden nach der Wahl schon Gs. 6.107. Und in den Folgemonaten stieg der Euro auf bis zu Gs. 7.000.

Montag, 8. Mai 2017: Heute fuhren wir wieder einmal nach Luque. Unsere Tochter war noch nicht im Kindergarten, und so hatte sie wenigstens mal die Gelegenheit, sich auf dem Spielplatz der Plaza Mcal. Francisco Solano López richtig auszutoben. Danach ging es zurück nach Asunción, ins Shopping del Sol.

Mittwoch, 10. Mai 2017: Für unsere neue Wohnung in Fernando de la Mora hatten wir zwar sämtliches Mobiliar zusammen, aber noch keine Lampen. Also fuhren wir zu Luminotecnia und kauften für 3 Millionen

Guaraníes (damals rd. 480 Euro) sämtliche Lampen, die uns noch fehlten. Ganz schön happig, aber Maria meinte bloß: »Dafür wirst du später in einer Luxuswohnung leben.«

Donnerstag, 11. Mai 2017: Maria zählte mir heute auf, was es in Paraguay alles nicht gibt, u.a. Käsekuchen und Kräuterbaguette. Und da sie sehr guten Käsekuchen backt, hatte sie auch gleich eine Geschäftsidee.

Seitdem wir in Paraguay sind, sprechen Maria und ich kaum noch über ihre Schauungen. Dafür haben wir hier einfach zu viel zu tun. Aber heute machte ich mal eine Ausnahme. Ich sprach Maria auf ihren **Wachtraum vom 10. August 2016** an, wo sie einen **Angriff des IS** »von unten« auf Deutschland sah. Maria ging auch gleich darauf ein: »**Ja, ich hab den Leuten direkt in die Fresse geguckt. Du kannst dir vorstellen, was die für Visagen hatten.**« Nach wie vor bin ich der Ansicht, dass dieser Angriff des IS aus dem Untergrund nicht zwingend eintreten muss, ich erwähne ihn nur, weil Maria damals gesagt hatte: »**Wachträume treten bei mir immer genau so ein, wie ich sie sehe.**«

Freitag, 12. Mai 2017: Nach langem Hin und Her gelang es mir heute endlich, die beiden Verträge meines deutschen Providers zu kündigen. Ich war genau 225 Monate bzw. 18,75 Jahre bei diesem Verein. Ganz schlimme Abzocke.

Ein Großeinkauf für unsere heutige Grillparty war angesagt: Lachs, »lomito« (Rinderfilet), Würstchen und diverse Zutaten für die verschiedenen Salate. Die Grillparty fand im Garten unserer Vermieterin Graciela statt. Außer Graciela hatten wir deren Nichte sowie Lucas und Familie eingeladen.

Während des Essens erwähnte ich, dass unser Container immer noch im Hafen von Buenos Aires stand. »Die Argentinier sind eigentlich alle okay«, meinte Lucas, »aber die Leute von Buenos Aires hatten schon immer was gegen die Paraguayer. Sobald es um Paraguay geht, werden die plötzlich ganz bürokratisch.«

Anders als in Deutschland ist es in Paraguay völlig normal, dass man sich bei einem geselligen Beisammensein auch über Gott und seine Liebe zu uns unterhält. Ich erwähnte ja bereits, dass Gott für den Paraguayer eine sehr große Rolle spielt, und zwar unabhängig davon, ob er katholisch ist oder einer evangelischen Freikirche angehört. Lucas und seine Frau waren Freikirchler. Graciela erzählte von ihrem Neffen, der bei den Kapuzinerpatres ist. Daraufhin sagte ich, dass es in Deutschland die Prophezeiung eines **Düsseldorfer Kapuzinerpaters** aus dem Jahre 1792 gäbe: »Wenn die Frauensleute nicht wissen, was sie vor Üppigkeit und Hochmut für Kleider tragen sollen, bald kurz, bald lang, bald eng, bald weit: Wenn die Männer auch ihre Trachten ändern, und man allgemein die ***Bärte der Kapuziner*** trägt: Dann wird Gott die Welt züchtigen.« Der Kapuzinerbart ist ja mittlerweile in vielen Teilen der Welt Mode — auch in Paraguay sieht man ihn vereinzelt. Alle Anwesenden zeigten sich überzeugt, dass Paraguay diese Züchtigung erspart bleiben würde. »Paraguay ist gesegnet, da passiert nichts«, meinte Lucas. Auch Maria war dieser Ansicht.

Sonntag, 14. Mai 2017: Paraguayischer Nationalfeiertag. Bevor wir zur hl. Messe fuhren, hefteten wir uns — ganz patriotisch — eine escarapela, eine rot-weiß-blaue Kokarde, ans Revers. Nach der Messe telefonierten wir mit Freunden und Bekannten in Deutschland und stellten fest, dass sie sich im Hinblick auf die unübersehbaren gesellschaftlichen Veränderungen in Deutschland immer noch im Tiefschlafmodus befanden. Wir machten uns ernsthaft Sorgen, dass sie alle erst dann aufwachen würden, wenn der Tod bereits vor der Tür stand und es keine Möglichkeit mehr zum Auswandern gab. Unsere Freunde wollten das, was Maria für die nächsten Jahre für Deutschland geschaut hatte, einfach nicht wahrhaben. Wobei ich ehrlicherweise zugeben muss, dass auch ich mal zu diesen Ungläubigen gehörte. Ich kannte Leute, die mir das, was in Deutschland in den letzten Jahren passierte und noch passieren wird, schon vor fünfzehn Jahren andeuteten. Dass es bereits lange vor der Präsidentschaft Barack Obamas Pläne gab, Deutschland aufs Schwerste zu schädigen, habe ich von diesen Leuten bereits vor fünfzehn Jahren erfahren, aber ich hatte es damals nicht glauben wollen.

Montag, 15. Mai 2017: Heute wurde der paraguayische Unabhängigkeitstag festlich begangen. An der

Costanera sollte um neun Uhr die Militärparade statt-finden. Um 8.45 Uhr schalteten wir den Nachrichten-sender C9N ein. Die Oberkommandeure der einzel-nen Waffengattungen sowie Präsident Horacio Cartes standen auf der Ehrentribüne. Die Parade begann um Punkt neun Uhr. Nach der Militärparade begab sich die ganze Staatsführung zur Kathedrale, um an der Eucharistiefeier teilzunehmen. Dort lauschten sie auf-merksam der Predigt von Erzbischof Monseñor Ed-mundo Valenzuela, der uns später noch ein sehr enger und vertrauter Freund werden sollte. Im Hinblick auf die Absichtserklärung mit Argentinien bei dem binatio-nalen Wasserkraftwerk Yacyretá riet der Erzbischof zur Gelassenheit: »Möge der Heilige Geist die Parlamen-tarier über das Abkommen zwischen den beiden Staa-ten erleuchten.« Im Hinblick auf die politische Krise, die das Land Ende März/Anfang April heimgesucht hatte, sagte der Erzbischof: »Unser Land hat die De-mokratie gewählt. Das Gebet der Kirche, mit Fasten, Opfern und der eucharistischen Anbetung haben zu einer überraschenden und unerwarteten Antwort ge-führt. Alle diese Faktoren trugen zu einem Ende der politischen Krise bei.«

Mit »politischer Krise« meinte er die gewaltsamen Auseinandersetzungen infolge der geplanten Verfas-sungsänderung, die eine Verlängerung der Amtszeit des amtierenden Präsidenten ermöglicht hätte. Fakt ist, dass der Gewaltausbruch von einer kleinen an-archistischen Gruppierung ausging. Die Mehrheit der Bevölkerung stand ohne jeden Zweifel hinter Cartes.

Nicht nur die Colorados wollten Cartes für weitere fünf Jahre, sondern auch Teile der anderen Parteien. In der Amtszeit von Horacio Cartes wurden so viele Baustellen in Angriff genommen und fertiggestellt wie seit der Stroessner Regierung nicht mehr.

Ob hier auch schon diverse Soros-NGOs ihr Unwesen treiben, weiß ich nicht. Denkbar wäre es. Zerstörerische Erfolge wie in Europa werden sie hier aber nicht haben. Dafür sind die national-konservativen Werte der Colorado Partei sowie der katholische Glauben zu fest im Volk verankert. Bei einer echten Bedrohung von Links würde wahrscheinlich auch das Militär putschen — könnte ich mir zumindest vorstellen.

Der Paraguayer liebt Freiheit und Individualität über alles, deshalb lehnt er den sozialistischen Kollektivismus aus tiefstem Herzen ab. Nur der National-Konservatismus der Colorados sichert ihm diese Freiheit. Einen Sozialstaat wird es mit der aktuellen paraguayischen Regierung nicht geben, denn diese weiß ganz genau, dass dann auch Leute ohne ausreichende finanzielle Mittel ins Land strömen würden, und dann würde Paraguay schnell so enden wie Deutschland.

Mittwoch, 17. Mai 2017: Maria trug heute einen sehr schönen pinkfarbenen Rock. Ich sprach sie darauf an: »Toll! Wo hast du den her?« »Hab ich bei H&M für 5 Euro gekauft. Fühl mal, ganz toller Stoff! Würde hier 50 Euro kosten.«

Wir fuhren mit dem Bus nach Asunción. Es war das erste Mal in fast zwei Monaten, dass wir in eine Fahrscheinkontrolle gerieten. Gott sei Dank hatte ich die Tickets nicht weggeworfen. Wir gingen als Erstes zur Bank, ich musste dringend wissen, ob mit meinem Konto alles geklappt hatte.

Der Bankangestellte hatte gerade Kundschaft. Wir setzten uns auf ein Sofa und blätterten in den ausliegenden Zeitungen. Ich las, dass wir in diesem Jahr eine regelrechte Moskito-Invasion hatten. Das hatten wir bereits gemerkt und das waren ganz schlimme Viecher. So winzig. Nicht mehr als ein Hauch. Aber mit einer Gier nach menschlichem Blut, die ihresgleichen suchte. Unglaublich, aber wahr: Die kämpften sich sogar erfolgreich durch den dicken Drillich meiner Nietenhose. Dagegen gab es verschiedene Mittel, u.a. elektronische, wie z.B. pulsierende Armbänder. Wir begnügten uns mit Metofluthrin-haltigen Räucherspiralen, die es hier sehr günstig zu kaufen gab, und Antimückenspray bzw. -creme. In 2019 hatte ich Denguefieber. Dengue wird durch Moskitos übertragen. Ich hatte einen Tag lang hohes Fieber, und drei Tage lang taten mir sämtliche Knochen dermaßen weh, dass ich noch nicht mal liegen konnte. Das war das einzige Mal, dass ich in Paraguay krank war.

Nach zehn Minuten waren wir an der Reihe. Der Bankangestellte ließ sich meine cédula zeigen, schaute kurz im Computer nach und bestätigte mir, dass ich seit gestern über ein paraguayisches Bankkonto verfügte. Dann händigte er mir ein Blatt mit allen wichtigen Informationen aus, die ich für mein deutsches Kreditinstitut benötigen würde.

Die Bestätigung seitens der Bank, dass ich bei ihr ein Bankkonto eröffnen konnte, hatte also zwölf Tage gedauert. In Paraguay ist das normal. Man schiebt hier gern mal sehr viel Papier zwischen sehr vielen »wichtigen« Angestellten tagelang hin und her. Man arbeitet auch gern mit der Schere. Da Personal in Paraguay sehr viel weniger kostet als in Europa, können sich die größeren Institutionen auch viele Hierarchien leisten. Das war in Deutschlands Konzernen bis in die Neunzigerjahre hinein nicht anders, bis sich schließlich diverse Konzerne dazu entschlossen, über Nacht aus sieben Hierarchien drei zu machen. Von flachen Hierarchien oder gar Prozessoptimierungen, um Organisationen schlanker und effizienter zu machen, hat hier noch nie jemand etwas gehört.

Auf der Rückfahrt zu den Don Gerardo Apartamentos gab es dann die zweite Fahrscheinkontrolle.

Maria und ich beteten in diesen Tagen überdurchschnittlich viel. Zusätzlich zu den üblichen Bitten um Schutz und Segen, Glück und Gesundheit, baten wir die Muttergottes seit einigen Wochen beständig um zwei Dinge: Dass wir immer einen guten Wechselkurs erwischten und dass uns die Abzocker, die es in Paraguay in rauen Mengen gibt, immer von der Pelle bleiben würden. Falls Sie mit dem Gedanken spielen, nach Paraguay auszuwandern, sollten Sie vorher wissen, dass die Meisten hier den Versuch unternehmen werden, Sie auf die eine oder andere Weise abzuzocken. Das gilt natürlich nicht für die Supermärkte, Geschäfte oder Tankstellen mit ihren jeweiligen Festpreisen, sondern für die Dienstleistungen, die Sie in Anspruch nehmen wollen, zum Beispiel für Handwerkerleistungen, Kosten der Umzugsunternehmen und dergleichen. Auch wenn Sie ein Haus oder eine Wohnung mieten wollen, zahlt der Gringo grundsätzlich immer mehr als der Einheimische. Aber mit der Zeit entwickeln Sie ein Gefühl für den realistischen Preis, und es wird ihrem Vertragspartner immer seltener gelingen, Sie über den Tisch zu ziehen.

Ich weiß nicht mehr genau, wie wir darauf kamen, aber an diesem Nachmittag, als wir bei einem Bierchen auf unserer Terrasse saßen, sagte ich zu Maria, dass entgegen langläufiger Meinung die Kirche die nüchternste und skeptischste Organisation auf Erden ist. »Wie meinst du das?«, fragte sie mich. Ich erzählte ihr daraufhin etwas von den extrem strengen kirchlichen Prüfverfahren bei Selig- und Heiligsprechungen und bei der Anerkennung von Wallfahrtsorten sowie von der allgemeinen Skepsis der Kirche gegenüber Wundern. »Die Kirche will eigentlich keine Inflation von Wundern, wie sie zum Beispiel in Lourdes noch immer passieren«, sagte ich.

Daraufhin wollte Maria mehr über Lourdes wissen. Ich erzählte ihr zuerst von der **hl. Bernadette Soubirous** (1844 – 1879). Bernadette hatte als Mädchen in

Lourdes mehrere Marienerscheinungen gehabt. Seit 140 Jahren liegt sie unverwest in einem Glassarkophag in Nevers, rund 240 Kilometer südlich von Paris. Und sie ist nicht die einzige Heilige, deren Leichnam nicht verweste.

Danach erzählte ich Maria von den Wundern in Lourdes. Wie viele Wunder es genau waren, die seit dem Jahre 1858 in Lourdes dokumentiert worden sind, wusste ich nicht auswendig, ebenso wenig wusste ich, wie viele Fälle die Kirche tatsächlich als Wunderheilung eingestuft hatte. Ich wusste nur, dass es äußerst wenige waren. Beim Googeln stieß ich dann auf die folgenden Informationen:

»Eine internationale Ärztekommission prüft in mehreren Instanzen die außergewöhnlichen Heilungen. Das Verfahren ist so streng, dass von 7.000 dokumentierten Fällen bislang nur 68 offiziell (von der Kirche) anerkannt wurden, das heißt mit dem Urteil versehen wurden: ›Eine wissenschaftliche Erklärung der Heilung ist nicht möglich‹. Zur Ärztekommission gehören ausgewiesene Kapazitäten der Medizin, die Religionszugehörigkeit spielt keine Rolle. Von einem Nobelpreisträger der Medizin, Dr. Alexis Carrell, der sich selbst als ungläubig bezeichnete, stammt folgendes Zeugnis: ›Niemals werde ich das erschütternde Erlebnis vergessen, als ich sah, wie ein großes, krebsartiges Gewächs an der Hand eines Arbeiters vor meinen Augen bis auf eine kleine Narbe zusammenschrumpfte. Verstehen kann ich es nicht, aber ich kann nicht bezweifeln, was ich mit eigenen Augen gesehen habe‹«.

Das ist Lourdes. Und die Kirche hat nur ein Prozent der offenkundigen Wunder als Wunder anerkannt.

Freitag, 19. Mai 2017: Um sechs Uhr morgens telefonierte ich mit meinem Kreditinstitut in Deutschland wegen des Geldtransfers nach Paraguay. Um acht Uhr kam Lucas vorbei, um uns abzuholen. Wir fuhren mit ihm in unsere neue Wohnung. Lucas hatte zwei Handwerker organisiert, die die ersten Lampen anbrachten.

Man braucht nur durch die Straßen von Asunción zu fahren, um mit einem Blick zu erkennen, dass die hiesige Bevölkerungsstruktur, also die demografische Pyramide, vollkommen intakt ist. Der Kinderreichtum zeigt sich vor allem am Sonntag in den Kirchen. Dort wimmelt es geradezu von Kindern und Jugendlichen.

Da es hier keine soziale Hängematte gibt, sind viele Paraguayer ständig auf der Suche nach einem auskömmlichen Verdienst. Es gibt praktisch keine Verkehrsampel, an der den wartenden Autofahrern nicht irgendetwas zum Kauf angeboten wird. Meistens Obst, Brot oder Süßigkeiten. Kinder reinigen für ein paar Münzen die Windschutzscheibe. Nicht alle, aber doch einige, haben erkennbar schlechte Zähne. Bei einigen stehen nur noch die vier unteren Schneidezähne.

In Anbetracht der Tatsache, dass Maria und ich im November 2016 zum ersten Mal paraguayischen Boden betreten hatten, hatten wir jetzt – ein halbes Jahr später – doch einiges erreicht:

- März 2017: **Admisión Permanente** (Daueraufenthaltsgenehmigung) und **Cédula** (paraguayischer Personalausweis)
- Mai 2017: **Mietwohnung, private Krankenversicherung und paraguayisches Bankkonto**.

Montag, 22. Mai 2017: Präsident Trump hatte anlässlich seines Israelbesuchs auch die Klagemauer besucht und seinen Gebetszettel in eine Mauerritze gesteckt. Das erinnerte mich an meinen eigenen Besuch der Klagemauer. Bei mir wurden damals sämtliche Gebetsanliegen erhört.

Dienstag, 23. Mai 2017: In einem der vorangegangenen Ruben-Stein-Bücher hatte ich mal kurz etwas über die zum Teil widersprüchlichen Ambitionen der verschiedenen Machtzentren auf der Erde geschrieben. Ich hatte ebenfalls erwähnt, dass sich diese irdischen Machtspitzen aus unvorstellbar reichen und mächtigen Familien zusammensetzen. Das stimmte zwar alles, und sehr viele Menschen fürchten sich auch vor diesen Ambitionen, aber das ist noch lange kein Grund, um in Panik zu verfallen. Denn über diesen irdischen Mächten steht die geistige Welt, und deren Macht ist so unvorstellbar groß, dass ihr gegenüber alle irdische Macht wie Staub erscheint.

Diese geistige Welt ist hierarchisch, und ihre Bewohner können sich in gewisser Weise auch in unserer Welt manifestieren. Und zwar in menschlicher Gestalt. Allgemein nennen wir sie Engel und Heilige. Diese Wesen haben keinerlei finanzielle Interessen, wirken aber massiv bei der Gestaltung des Schicksals der Welt mit. Und sie sind mit ihrer Macht weit oberhalb der irdischen Machtzentren angesiedelt.

Die Kirche unterscheidet seit Jahrhunderten neun Engelchöre (Chor ist vielleicht das falsche Wort, denn diese Aktivitätsblöcke haben weiß Gott Wichtigeres zu tun als zu singen):

1. angeli (Engel)
2. archangeli (Erzengel)
3. virtutes (Mächte)
4. potestates (Gewalten)
5. principatus (Fürsten)
6. dominationes (Herrschaften)
7. throni (Throne)
8. cherubim (Cherubim)
9. seraphim (Seraphim)

Gemäß Überlieferung werden die Engel mit Flügeln dargestellt. Damit soll zum Ausdruck gebracht werden, dass sie im Gotteswillen schwingen, also über kein Eigenwollen verfügen. Tatsächlich arbeiten diese Aktivitätsblöcke mit ihren ungeheuer komplexen Zahlenverhältnissen fast wie Maschinen. Sie setzen den Willen Gottes in der Schöpfung gehorsam um. Über die »Rechnerkapazität« der Cherubim und Seraphim nachzudenken, ist sinnlos. Trilliarden mal Trilliarden Mal mehr als die schnellste und größte irdische Rechneranlage. Und auch dieses Bild ist stark untertrieben. Wie lächerlich ist angesichts dieser Macht alle irdische Macht.

Haben Sie sich mal gefragt, warum Ihnen die Schutzengel helfen können, warum sie Sie auch schon unzählige Mal vor Unheil bewahrt haben, ohne dass Sie etwas von der Gefahr, die sich näherte, mitbekommen haben? Die Schutzengel können das, weil sie die unmittelbare Zukunft, also das sich gerade nähernde Zahlenmuster »lesen« können. Vergleichbar ist das mit der menschlichen Intuition.

Der 10. Chor ist für den Menschen reserviert, für die Heiligen. Und das zeigt, dass der Mensch als Ebenbild Gottes noch über den Engeln angesiedelt ist. Der Mensch ist immer frei, und solange er auf Erden weilt, kann er sich in jedem Augenblick für oder gegen Gott entscheiden. Aber was macht der Mensch, der sich für Gott entschieden hat, im Himmel? Nun, er studiert bis in alle Ewigkeit die Torah – denn sie ist die größtmögliche Freude, weil sie in ihrer Weisheit unerschöpflich ist.

Und über allen Engeln und Heiligen steht die heilige Jungfrau Maria, die Gottesgebärerin. Deshalb ist es so überaus klug, durch Maria zu Jesus gelangen zu wollen. Wir dürfen nicht vergessen, dass der Herr seine Mutter nicht nur mit Leib und Seele in den Himmel aufgenommen, sondern sie dort auch gekrönt hat. Maria ist wegen ihrer Demut und ihres absoluten Gehorsams gegenüber Gott zur Königin des Universums erhoben worden.

Aber was tatsächlich in den Welten zu geschehen hat, bestimmt nur einer, und zwar der, der auf dem höchsten Thron sitzt: Gott!

Vergessen Sie bitte nicht, sich regelmäßig im Gebet an den »Chef« des 2. Engelschores zu wenden, an den heiligen Erzengel Michael, der ja auch einer der Schutzpatrone Deutschlands ist.

Schließen wir uns also im Gebet dem Anliegen des Heiligen Vaters an:

»Glorreicher Fürst der himmlischen Heerscharen, heiliger Erzengel Michael, beschütze uns im Kampf gegen die höllischen Fürstentümer und Mächte, gegen die Herrscher dieser Welt der Finsternis, gegen die Geister des Bösen in den Lüften. Komm den Menschen zu Hilfe, die Gott nach Seinem Ebenbild erschaffen und zu einem solch hohen Preis aus der Tyrannei Satans erkauft hat! Dich verehrt ja die heilige Kirche als ihren Schutzherrn; dir hat der Herr die erlösten Seelen anvertraut, um sie in die himmlische Glückseligkeit zu geleiten. Flehe den Gott des Friedens an, er möge Satan unter seinen Füßen zertreten, damit dieser die Menschen nicht länger in seinen Ketten gefangen halten und der Kirche schaden kann. Bringe unser Gebet vor das Antlitz des Allerhöchsten, damit uns schnell die Barmherzigkeit des Herrn zuteilwerde. Ergreife du selbst den Drachen, die alte Schlange, die kein anderer ist als der Teufel, der Satan, und stürze ihn in Ketten gefesselt in die Hölle, damit er nicht weiter das Menschengeschlecht verführen kann.«

Mittwoch, 24. Mai 2017: Heute fiel die Temperatur auf 15 Grad, und damit war es mit der Mückenplage erst mal vorbei.

Samstag, 27. Mai 2017: Die legendäre **»Deagel-Liste«**, die für 183 Staaten der Erde u.a. deren Populationsentwicklung bis zum Jahre 2025 voraussagt, wurde gerade aktualisiert. In Deutschland soll die Bevölkerung angeblich auf 31 Millionen sinken.

Mittwoch, 31. Mai 2017: Am Nachmittag trafen wir uns zum zweiten Mal mit dem dueño, um ihm erneut 7 Millionen Guaraníes in bar zu übergeben (3,5 Mio Juni-Miete und 3,5 Mio für die zweite Kaution). Dieses Zusammentreffen war noch angenehmer als das erste, und wir sprachen uns die ganze Zeit mit unseren Vornamen an. Richtig begeistert war er von unserer Tochter. Er sagte, dass er einen Sohn im gleichen Alter hätte. Die gegenseitige Sympathie war offensichtlich, und als ich ihn fragte, ob es für uns als Ausländer überhaupt möglich sei, der Colorado Partei beizutreten, strahlte er geradezu. »Aber selbstverständlich, ihr braucht dafür nur eure cédulas.«

Danach fuhren wir ins Bautista, weil ich dort die Gs. 810.000 für unsere private Krankenversicherung für den Monat Juni bezahlen wollte. Vorher wollte ich aber noch in der Kinderabteilung ein Rezept für die Hepatitis-A-Prophylaxe für unsere Tochter holen. Die englischsprachige Kinderärztin konnte gar nicht verstehen, dass wir unsere jetzt bald Dreijährige noch immer nicht gegen Hepatitis A geimpft hatten. Ich erklärte ihr, dass unser deutscher Kinderarzt das seinerzeit rigoros abgelehnt hatte. In Paraguay läuft das anders: Hier werden alle Kinder zwischen sechs Monaten und anderthalb Jahren gegen Hepatitis A geimpft. Und zwar gratis! Die Kinderärztin riet uns, relativ zeitnah in das staatliche Sanatorio y Servicios Médicos Migone zu fahren. Dort würde unsere Tochter die Prophylaxe unverzüglich nachholen können.

Donnerstag, 1. Juni 2017: Wir fuhren mit dem Taxi zum Migone. Zehn Minuten später war unsere Tochter geimpft.

Montag, 5. Juni 2017: Endlich kam die erlösende Nachricht von der Ankunft unseres Containers in Asunción. Er stand seit Freitag im Puerto Caacupemi.

Mittwoch, 7. Juni 2017: Lucas bot uns an, uns zum Hafen zu fahren. Darüber freuten wir uns sehr. Er holte uns um halb neun Uhr bei den Don Gerardo Apartamentos ab. Das Hafengelände war riesig, er selbst war noch nie dort gewesen, und da es keine Hinweisschilder gab, fiel uns die Orientierung schwer. Es gelang uns aber, uns zum Hafenbüro durchzufragen. Lucas parkte seinen Wagen, und wir stiefelten gemeinsam durch den Matsch. Im Hafenbüro saßen zwei Damen hinter ihrem Schreibtisch. An der Wand hinter ihnen gab es mal wieder etwas typisch Paraguayisches zu bewundern: Zwei große Herz-Jesu- und Herz-Marien-Bilder. Lucas wollte gerade unser Anliegen vortragen, als die Tür aufging und ein Mitarbeiter unserer paraguayischen Umzugs- und Lagerservicegesellschaft eintrat. Im Gegensatz zu uns, wusste der Angestellte natürlich, was zu tun war. Wir sollten wieder in unser Auto steigen und hinter ihm herfahren. Er allein wusste, wo sich unser Container befand.

Unter der Aufsicht von drei Mitarbeitern der paraguayischen Umzugsgesellschaft und in unserem Beisein wurde die Verplombung unseres Containers geknackt und anschließend jedes einzelne Packstück herausgeholt. Nachdem die Vollzähligkeit anhand der Packliste verifiziert worden war, wurde jedes Teil wieder eingeräumt und der Container erneut verplombt.

Donnerstag, 8. Juni 2017: Unsere paraguayische Umzugsgesellschaft informierte mich, dass unser Container morgen früh, also am Freitag, um 9.30 Uhr, zu unserer Wohnung in Fernando de la Mora gebracht würde. Jetzt waren wir wirklich glücklich. Endlich hatte das Warten ein Ende.

Freitag, 9. Juni 2017: Lucas holte uns schon sehr früh bei den Don Gerardo Apartamentos ab. Wir mussten auf jeden Fall in unserer Wohnung sein, bevor der Container angeliefert wurde. Im Auto unterhielten wir uns über die mittlerweile täglichen Messerattacken in Westeuropa. Lucas meinte daraufhin nur: »Das einzig Gefährliche in Paraguay ist das Wasser auf der Straße, weil man nie weiß, wie tief das Loch darunter ist.« Wir mussten herzlich lachen.

Obwohl ich die Antwort schon vorher wusste, fragte ich Lucas angesichts eines riesigen Kraters mitten in der Straße: »Wer ist eigentlich verantwortlich, wenn sich da jemand die Haxen bricht?« Antwort: »Nadie!« Niemand. Praktisch alle Paraguayer sind davon überzeugt, dass sich die Politiker das Geld lieber in die eigene Tasche stecken, als sich um die Infrastruktur zu kümmern. Es kann aber auch sein, dass sich die Politiker sagen: Wenn wir uns auch nur ein einziges Mal um so etwas kümmern, statuieren wir damit ein Exempel. Heerscharen von Anwälten werden sich später auf dieses eine Exempel berufen. Der Grundstein für den Sozialismus wäre gelegt, und nach wenigen Jahren hätten wir hier deutsche Verhältnisse.

Und wenn sich tatsächlich mal jemand die Haxen bricht, wird nicht wie in Deutschland sofort nach einem Schuldigen gesucht, sondern man sagt sich dann: Wahrscheinlich hat er zu wenig zur »virgencita« (so nennen sie hier die Muttergottes) gebetet, oder er hat keine Schutzmedaille getragen.

Der Container wurde kurz vor zehn Uhr angeliefert. Ein ganzer Trupp von Hilfskräften trug die Packstücke in unsere Wohnung hinauf, nannte mir die Packnummer, und ich hakte die Packliste ab. Nichts fehlte. Dem Himmel sei Dank. Einziges Problem: Mein Megaschreibtisch musste zerlegt werden, weil er nicht durch die Tür des Arbeitszimmers passte. Der Chef des Arbeitstrupps organisierte umgehend einen Schreiner, der auch kurze Zeit später erschien und sein Handwerk professionell erledigte. Das Hochtragen von 140 Packstücken brauchte seine Zeit. Maria schaute kurz auf die Nummer und den Packzettel und dirigierte dann die Arbeiter blitzschnell in die richtigen Räume: »Das kommt hier hin! Das kommt da hin! Das kommt dort hin!«

Um zwölf Uhr verabschiedeten sich die Leute in die Mittagspause. Sie wollten um halb zwei wiederkommen. Maria und ich nutzten die Pause für einen Besuch in dem nur fünf Gehminuten entfernten Kindergarten. Er machte einen guten Eindruck. Ich erkundigte mich nach den Kosten. Eine Einmalzahlung von Gs. 800.000 (damals rd. 129 Euro) und Gs. 720.000 (rd. 116 Euro) monatlich. Heute, fast fünf Jahre später, weiß ich natürlich, dass dies typische paraguayische Bescheißerpreise waren: Die realistische monatliche »cuota« für einen Kindergarten liegt bei rd. Gs. 150.000. Unsere Tochter wollte gleich dableiben, aber das ging ja nicht. Wir würden aber so schnell wie möglich wiederkommen. Am Montag, den 12. Juni 2017, hatte der Kindergarten wegen eines staatlichen Feiertags (Frieden von Chaco) geschlossen. Also Dienstag!

Die Arbeiter kamen um Punkt halb zwei aus ihrer Mittagspause zurück. Sie bauten die Betten und die Terrassenmöbel auf und rückten Herd, Waschmaschine und Kühlschrank an die richtigen Stellen. Aber das einzige, was sie anschließen konnten, war der Kühlschrank. Für den Herd und die Waschmaschine würden noch Spezialisten kommen müssen. Kurz vor siebzehn Uhr sagten sie uns dann, dass sie den Rest (Aufbau der Schränke und Tische) am kommenden Dienstag erledigen würden.

Maria war glücklich. »Wir schlafen heute das erste Mal in unserer Wohnung«, sagte sie. Ich wollte das eigentlich nicht, weil die Wohnung eine einzige Rumpelkammer war, aber Maria dachte nur an die Kosten: »Die Betten stehen doch. Warum sollen wir Graciela weiterhin Geld in den Rachen werfen? Wir holen jetzt unsere Koffer ab und zahlen Graciela das restliche Geld.«

Also fuhren wir mit Lucas zurück zu den Don Gerardo Apartamentos, packten unsere Koffer und sagten Graciela, dass wir jetzt auszögen. »Das ging aber schnell«, meinte sie. Ich übergab ihr das Geld, das wir ihr noch schuldeten. Dann nahmen wir uns alle in den Arm, bedankten uns für die schöne Zeit, die wir in den Don Gerardo Apartamentos hatten, und Lucas fuhr uns wieder zurück in unsere Wohnung, wo wir unsere erste Nacht verbrachten.

Mit Graciela sind wir übrigens bis auf den heutigen Tag eng befreundet. Erst im Dezember 2021 haben wir wieder einen Teil unserer Sommerferien in ihrem sehr gepflegten Domizil verbracht.

Samstag, 10. Juni 2017: Als Erstes öffneten wir die Kartons mit unserer Kleidung. Wir brauchten dringend warme Klamotten, denn in Paraguay ist im Juni bekanntlich Winter. Die Temperatur fiel nachts auf 10 Grad. Tagsüber war es allerdings sonnig und bis zu 19 Grad warm. Danach räumten wir das Geschirr in die Küchenschränke. Gegen Mittag kam ein Tigo Mitarbeiter, den uns Lucas kurzfristig besorgt hatte. Er versprach uns, dass wir am kommenden Dienstag Internet und Kabelfernsehen haben würden. Die ersten vier Monate würden wir monatlich Gs.189.000 (ca. 30 Euro) und ab dem fünften Monat monatlich Gs. 235.000 (38 Euro) zu zahlen haben.

Dienstag, 13. Juni 2017: Angeblich sollten heute um acht Uhr wieder Arbeiter kommen, um die Schränke und Tische aufzubauen. Pustekuchen. Um halb zehn Uhr rief mich der Vorarbeiter an. Er sagte, dass sie es heute nicht mehr schaffen würden. Aber morgen!

Dafür war Tigo äußerst zuverlässig. Ruckzuck war unser deutscher Fernseher angeschlossen, und unsere Handys und Rechner hatten endlich Wi-Fi.

Um dreizehn Uhr brachten wir unsere Tochter in den Kindergarten, vollzogen die offizielle Anmeldung, und ich bezahlte erst einmal die geforderten Gs. 1.520.000 (245 Euro). Dann wurde mir eine Applikation aufs

Handy geladen, die die Überwachung von 16 Kindergartenkameras ermöglichte. Dadurch würden wir immer wissen, was unsere Tochter gerade machte.

Jetzt, da unsere Tochter im Kindergarten war, hatten wir endlich Zeit, uns um die Kartons zu kümmern. In den nächsten Stunden brachte ich Unmengen von Kartons und Müll nach draußen. Mülltonnen wie in Deutschland sind in Paraguay allerdings weitestgehend unbekannt. Vor den meisten Häusern stehen am Boden befestigte Metallkäfige, in die man seine Müllsäcke ablegt. Die staatliche Müllabfuhr funktioniert, aber private Lumpensammler sind oft schneller. Frühmorgens durchstreifen sie mit ihren Transportern die Straßen und suchen die Metallkäfige ab. In Paraguay wird eben alles zu Geld gemacht.

Eine maschinelle Straßenreinigung wie in Deutschland habe ich hier allerdings noch nicht gesehen – nur mal zwei Leute, die die Straße mit dem Besen reinigten. Ist eigentlich auch nicht nötig, da jeglicher Müll (Plastik, Glas, Aluminiumdosen, Papier) sofort von den Armen aufgelesen und auf seine Weiterverwertbarkeit hin überprüft wird. Recyclingfirmen zahlen für ein Kilo Altpapier umgerechnet rund einen halben Euro.

Auf Welt Online erschien heute ein Artikel, wonach die EU ein Verfahren gegen Ungarn, Polen und Tschechien eingeleitet hatte. Grund war deren Weigerung, sich an einer 2015 in der EU beschlossenen Umverteilung von Asylbewerbern zu beteiligen. Ich musste grinsen. Genau das hatte mir Maria bereits am 16. März angekündigt: **»Auch Polen und Ungarn werden sich nicht dauerhaft abschotten können. Ganz Europa wird schwarz.«**

Lucas hatte inzwischen wieder mit unserer paraguayischen Umzugsgesellschaft telefoniert. Die konnten angeblich erst wieder am Donnerstag. Eigentlich hatten wir vorgehabt, am Donnerstag am Eucharistischen Kongress, für den Erzbischof Monseñor Edmundo so viel Werbung gemacht hatte, teilzunehmen, aber in diesem Falle hatten wir keine Wahl. Wir mussten zu Hause bleiben und auf die Arbeiter warten.

Als Maria und ich über den Chaco-Krieg zwischen Paraguay und Bolivien (1932 – 1935) sprachen, las ich ihr einen Wikipedia-Artikel über den deutschstämmigen bolivianischen Kriegsminister Hans Kundt (1869 – 1939) vor. Kundt war der klassische Militär und hatte meines Erachtens sogar etwas Ähnlichkeit mit Alfredo Stroessner. Als ich fertig war, sagte sie: »Jetzt musst du nur noch in die Colorado-Partei.« Wir mussten beide lachen.

Donnerstag, 15. Juni 2017: Die Arbeiter kamen um halb neun, waren aber nur zu zweit. Ich fragte mich, wie die das heute alles schaffen wollten. Nach der Mittagspause kamen sie dann zu viert. Ergebnis: Nach acht Stunden hatten vier Leute gerade mal zwei Kleiderschränke aufgebaut. Das durfte man keinem Menschen erzählen. Würde einem auch keiner glauben.

Daraus zu schließen, dass alle Paraguayer faul sind, kann ich aber nicht bestätigen. Die Mehrheit ist mit Sicherheit faul, aber einige Wenige habe ich hier doch schon richtig malochen gesehen. Was den Menschen allerdings fehlt, ist der unbedingte Wille zur Perfektion, zur Heiligung der Arbeit. Das Bewusstsein, dass man Gott keine schlecht verrichtete Arbeit darbringen darf, fehlt vollkommen. Maria und ich haben im Laufe dieser fünf Jahre, die wir jetzt schon in Paraguay leben, schon sehr viele Handwerkerarbeiten in Anspruch genommen. Unser Fazit: Egal, wen man beauftragt, man bekommt hier bestenfalls eine 80-Prozent-Lösung. Es fehlt sowohl an der richtigen Ausbildung als auch an der richtigen Einstellung zur Arbeit.

Und mit dem Rechnen haben es die Paraguayer auch nicht so. Selbst einfachste mathematische Operationen, bei denen unsereins ohne Nachzudenken das Ergebnis automatisch vor Augen sieht, bereiten ihnen große Schwierigkeiten. Ohne Taschenrechner läuft hier gar nichts. Beispiel: Sie kaufen etwas für Gs. 20.000 und reichen der Verkäuferin einen Schein über Gs. 100.000. Praktisch kein Paraguayer kann Ihnen das Wechselgeld von Gs. 80.000 zurückgeben, ohne vorher einen Taschenrechner benutzt zu haben. Sie glauben das nicht? Sie werden es erleben.

Da bis jetzt noch niemand vorbeigekommen war, um Marias Herd anzuschließen, mussten wir mehrmals auswärts essen gehen. In der Straße Mariscal López gab es zahlreiche kleine Restaurants, die wir alle zu

Fuß erreichen konnten. Den besten Burger gab's beim Libanesen.

In der deutschen Gastronomie verdient man das Geld bekanntlich weniger an den Speisen als vielmehr an den Getränken. In Paraguay ist es genau umgekehrt: Agrarprodukte sind äußerst preiswert, da alles aus dem Inland stammt, aber sehr viele Getränke müssen importiert werden und sind somit teuer. Der Gastronom schlägt hier bei den Speisen also vielleicht hundert Prozent auf den Einkaufspreis, während er bei den Getränken vielleicht nur zwanzig Prozent draufschlägt. Heißt für uns Europäer: Essen ist hier hochwertig und trotz des Aufschlags preiswert, importierte Getränke sind relativ teuer.

Freitag, 16. Juni 2017: Eine Angestellte unserer paraguayischen Umzugsgesellschaft informierte mich am Abend via WhatsApp, dass ihr Budget nun ausgeschöpft sei. Wenn die Arbeiter noch mal kommen sollten, müssten Gs. 220.000 pro Tag und Nase berechnet werden. Da waren die bei mir aber genau an der richtigen Adresse. Die konnten mich mal. Ich habe erst gar nicht geantwortet.

Für ein solches Verhalten der Umzugsgesellschaft konnte es eigentlich nur zwei Erklärungen geben: Entweder wollten sie uns bewusst abziehen, oder sie waren einfach nicht in der Lage, auch nur einen Tag voraus zu denken oder zu planen. Nach meiner heutigen fünfjährigen Erfahrung mit Paraguayern tippe ich auf Letzteres. Paraguayer sind »gente del momento« (Leute des Augenblicks). Das heißt, die Mehrheit lebt nur für den Augenblick. Weder die Zukunft noch die Vergangenheit hat hier eine nennenswerte Bedeutung. Über den Grund darf man rätseln. Vielleicht ist es die Sprache. Fast alle Paraguayer sprechen noch die Indio-Sprache Guaraní, die neben Castellano die zweite offizielle Landessprache ist. In Guaraní gibt es aber keine grammatische Zukunft. Wir erinnern uns an ein Wort Wittgensteins: »Die Grenzen meiner Sprache sind die Grenzen meiner Welt.« Man könnte auch sagen, die Grenzen der Sprache sind die Grenzen des Denkens. Und das scheint mir wirklich die richtige Erklärung zu sein. Nach unserer Erfahrung fällt es einem Paraguayer unendlich schwer, vorauszudenken. Zukunftsplanung ist in ihrer Kultur nicht verankert. Das mag auch einer von drei Gründen sein, weshalb sich dieses an sich wunderschöne Land nicht entwickelt. Das Bildungssystem ist das zweitschlechteste der Welt, die Arbeitseinstellung der Bevölkerung lässt stark zu wünschen übrig, und konzeptionelles, in die Zukunft gerichtetes Denken fehlt völlig. Hinzu kommt die grassierende Korruption: Politik, Justiz und Polizei gelten als sehr korrupt.

Samstag, 17. Juni 2017: Am Morgen teilte uns Lili mit, dass Lucas‹ Vater in Buenos Aires gestorben war und dass sie jetzt nach Argentinien fahren müssten. Wir drückten beiden unser Beileid aus. Lucas schrieb mir, dass der Elektriker, der schon zweimal einen zugesagten Termin nicht eingehalten hatte, heute um halb zwei

Uhr käme, um Marias Herd anzuschließen. Auf den Gedanken »Oh Mist, jetzt bin ich schon zum zweiten Mal zum vereinbarten Termin nicht erschienen. Da ruf ich doch gleich mal an, um mich zu entschuldigen«, kam der Elektriker natürlich nicht. Zum dritten Termin kam er endlich, aber mit einstündiger Verspätung und ohne Entschuldigung. Nach fünf Jahren Paraguay haben wir uns an diese Mentalität gewöhnt. Unzuverlässigkeit ist ein weiteres Manko der Paraguayer.

Sonntag, 18. Juni 2017: Maria fühlte sich schon seit drei Tagen schlecht. Sie hatte Fieber und starken Husten. Wir entschieden, die hl. Messe sausen zu lassen und stattdessen ins Bautista zu fahren. Maria ließ sich dort gründlich untersuchen, den Brustkorb röntgen und Blut abnehmen. Dann sagte uns die Ärztin, dass wir ungefähr eine Stunde auf die Untersuchungsergebnisse des Labors zu warten hätten. Also gingen wir nach draußen. Vor dem Krankenhaus stand ein betender Jude, unschwer zu erkennen an Kippa, Kopf- und Armtefillin. Ich begrüßte ihn und fragte: »Ata medabär ivrit?« (Sprechen Sie Hebräisch?). Er bejahte und bestätigte, dass er Israeli sei. Er betete für seine Frau, die gerade untersucht wurde. Dann unterhielten wir uns noch kurz über Paraguay, wobei er erwähnte, dass Israel und Paraguay sehr gut befreundet seien. Zum Schluss sagte er: »Ich muss jetzt sofort meine Frau anrufen und ihr sagen, dass ich hier jemanden getroffen habe, der Hebräisch spricht. Das glaubt die mir nicht.« Ich musste lachen, und wir wünschten ihm und seiner Frau alles erdenklich Gute.

Marias Röntgenbild und die Laborergebnisse besagten, dass sie sich einen Lungenkatarrh zugezogen hatte, der sofort mit einem Antibiotikum behandelt werden musste. Die Ärztin stellte ein Rezept aus, und wir besorgten das Medikament in der benachbarten Apotheke.

Am Abend schrieb ich eine E-Mail an die Chefin unserer Hamburger Spedition. Ich schuldete ihr ein kleines Feedback. Schließlich hatten wir unsere Wohnung in Fernando de la Mora nun endgültig bezogen, und wir waren mit dem deutschen Subunternehmen, dass sämtliche Packstücke hochprofessionell verpackt hatte, auch sehr zufrieden. Nichts hatte gefehlt, und alles war heile angekommen. Dass unser Container nicht wie ursprünglich geplant am 21. Mai, sondern erst am 2. Juni im Hafen von Asunción angekommen war, lag ausschließlich an Buenos Aires. Kein einziges Packstück war vom Zoll geöffnet worden – der ganze Container hatte einfach nur zwei Wochen lang zinslos im Hafen von Buenos Aires gelegen. Große Probleme hatten wir allerdings mit der paraguayischen Umzugsgesellschaft. Uns allen war zwar im Voraus bekannt gewesen, dass man in Paraguay keine deutschen Maßstäbe anlegen darf – hier macht sich niemand Stress –, aber was diese Gesellschaft mit uns trieb, ging deutlich zu weit. Ich schrieb der Dame, dass wir für unser Rundum-sorglos-Paket einen nicht unerheblichen Geldbetrag gezahlt hatten und deshalb erwarten konnten, dass der gesamte Prozess vom Verpacken in Deutschland bis zum vollständigen Aufbau des Mobiliars hier in Paraguay auch reibungslos vonstattenging. Um es kurz zu machen: Ich schrieb ihr, dass ich dieser paraguayischen Firma auf gar keinen Fall zusätzliches Geld in den Rachen werfen würde. Ob deren Budget ausgeschöpft war oder nicht, war nicht mein Problem. Die hätten sich einfach besser organisieren müssen.

Montag, 19. Juni 2017: Die Chefin der Hamburger Spedition schrieb umgehend zurück, dass sie sich um den Fall kümmern würde.

Das Antibiotikum, das Maria einnahm, wirkte schnell. Sie fühlte sich schon deutlich besser. Das Einzige, was sie wirklich störte: Wir lebten seit Tagen in einer Rumpelkammer. Es waren lediglich die Betten und die Kleiderschränke aufgebaut. Gott sei Dank lief zumindest der Fernseher, und wir hatten Internet. Lucas, der nun doch nicht wie geplant nach Buenos Aires gefahren war, bot uns unverzüglich seine Hilfe an. Es wäre kein Problem, zwei Handwerker zu besorgen, die uns beim Aufbau der übrigen Möbelstücke helfen könnten. Ich sagte: »Lass uns noch einen Tag warten. Ich möchte zunächst die Antwort aus Hamburg abwarten.«

Zumindest stand jetzt mein Arbeitszimmer. Die Regale hatte ich selbst aufgebaut und meine Bücher ebenfalls selbst eingeräumt. Ich setzte mich an den Schreibtisch und machte mir ein Bier auf.

Einleben in der neuen Heimat

Dienstag, 20. Juni 2017: Beim Frühstück hatte Maria eine Idee:»Wir waren doch mal vor einigen Wochen in diesem Möbelladen stöbern. Was hältst du davon, wenn wir noch mal dorthin fahren und uns nach einem professionellen Handwerker erkundigen, der uns den ganzen Rest kurzfristig aufbaut?«»Sehr gute Idee«, sagte ich. Wir fanden diesen Profi tatsächlich. Allerdings würde er erst am Sonntag Zeit haben, da er an sechs Tagen in der Woche arbeiten musste. Der junge Mann war ein Klappergestell, wirklich nur Haut und Knochen, mit einem total verkoksten Gesicht.»Der zieht auf jeden Fall«, sagte Maria.»Bleibt aber auch nicht aus, wenn man jeden Tag zwölf Stunden lang arbeiten muss.«

Am Abend schrieb mir Lucas via WhatsApp, dass er am nächsten Morgen schon um 7.40 Uhr mit dem Handwerkerprofi in unsere Wohnung kommen würde. Der Mann müsste sich erst mal das Volumen anschauen, welches noch aufzubauen wäre. Danach würde er entscheiden, ob er es allein schaffen könnte oder ob er noch einen zweiten Mann auftreiben müsste. Und er würde uns dann auch den Preis nennen. Ich schrieb ihm zurück, dass das okay wäre.

Mittwoch, 21 Juni 2017: Pünktlich um 7.40 Uhr klopfte Lucas an unserer Tür. Im Schlepptau die Koksnase. Lucas stellte ihn uns als Héctor vor. Héctor prüfte aufmerksam die rund dreißig Packstücke, die noch immer ungeöffnet in unserer Wohnung herumstanden und nannte uns dann seinen Preis. Dieser war akzeptabel.

Heute war hier Winteranfang und damit der kürzeste Tag des Jahres. Das Thermometer zeigte 23 Grad. Morgen würde es noch wärmer werden, und die 16-Tage-Vorschau zeigte Temperaturen zwischen 24 und 30 Grad an. Das war der Winter in Paraguay.

»Du musst wieder zum Friseur«, meinte Maria. »Wir gehen zu dem Friseur hier an der Mariscal López, der ist bestimmt billiger als Osvaldo. Du bist jetzt zweimal bei Osvaldo gewesen, das reicht.« Das stimmte. Bei Osvaldo Bucci im Shopping del Sol kostete ein Herrenhaarschnitt Gs. 80.000 (ca. 13 Euro), was für paraguayische Verhältnisse ein astronomisch hoher Betrag war. Und der Friseur bei uns um die Ecke machte zumindest von außen einen sehr guten Eindruck. Wir gingen also zu ihm, und ich fragte als Erstes: »Cuánto cuesta?« In Paraguay fragt man immer zuerst nach dem Preis. Das gehört sich hier einfach. »Veinticinco mil, Señor.« Das waren gut 4 Euro. Ich war einverstanden. Fünfzehn Minuten später war ich fertig. Und meine Haare waren top geschnitten.

Gegen 17 Uhr holte Maria unsere Tochter vom Kindergarten ab. Die Kindergärtnerin hatte gesagt, dass unsere Tochter zu hochwertige Klamotten trüge. Die Kinder wären jeden Tag draußen und würden sich dreckig machen. Die anderen Kinder würden auch nur einfache Jogginghosen tragen. Okay, dann mussten wir halt Lucas fragen, ob er morgen mit uns nach San Lorenzo fahren würde. Dort gab es das Machetazo, ein großes Einkaufszentrum, in dem man auch preiswert Kinderklamotten kaufen konnte. Ich beschrieb Lucas unser Anliegen, und er sagte sofort zu.

Donnerstag, 22. Juni 2017: Lucas holte uns um acht Uhr in unserer Wohnung ab und fuhr dann mit uns zum benachbarten San Lorenzo. Die Universitätsstadt San Lorenzo hat rund dreihunderttausend Einwohner und zählt damit zu den größten Städten Paraguays. Und das Machetazo war wahrscheinlich das preiswerteste Einkaufszentrum von ganz Paraguay. Maria war von ihrem Einkauf ganz begeistert: Für elf Teile hatte sie umgerechnet nur 15 Euro ausgegeben. Schon während der Fahrt hatten wir uns bei Lucas für seine außergewöhnliche Hilfsbereitschaft bedankt. Aber er wiederholte nur das, was er uns schon einmal gesagt hatte: »Gott segnet mich dafür. Wir haben doch alles: Essen und Trinken, ein Dach über dem Kopf, Gesundheit und gesunde Kinder. Was wollen wir mehr?«

Nachdem er uns wieder zu Hause abgesetzt hatte, sagte er, dass Lili und er nun doch nach Buenos Aires fahren würden und dass wir uns erst in der kommenden Woche wiedersähen. Wir wünschten ihm Glück. »Kommt heil wieder zurück!«

Samstag, 24. Juni: Das heutige Fest »Heiligstes Herz Mariä« verbrachten wir am Vormittag in Villa Morra.

Das Wetter war traumhaft, und an der Avenida Republica Argentina standen die Kirschblüten in voller Pracht.

Nach dem Mittagsschläfchen hatte ich eine kleine Erkenntnis, die ich Ihnen nicht vorenthalten möchte.

Wie Sie wissen, sprach Jesus von sich selbst u.a. als vom Alpha und vom Omega, also vom Anfang und vom Ende, wobei diese Formulierung natürlich der griechischen Übersetzung geschuldet ist. Alpha ist der erste Buchstabe und Omega der letzte Buchstabe des griechischen Alphabets. In Wirklichkeit sprach der Herr natürlich nicht Griechisch, sondern Aramäisch. Im Aramäischen bzw. Hebräischen ist der erste Buchstabe die »alef« und der letzte Buchstabe die »tav«. Er hatte also gesagt: »Ich bin die alef und die tav.«

Alef und tav – im Hebräischen »et« ausgesprochen – wird allgemein für den Akkusativ verwendet.

Die Hebräische Bibel beginnt bekanntlich mit dem Satz: »Bereshit bara Elohim *et* hashamajim ve‹*et* haaretz.« Zu Deutsch: »Im Anfang schuf Gott Himmel und Erde.« Und dieses »et« schreibt sich »alef – tav«.

Das heißt, der Herr erscheint bereits **im ersten Satz der Bibel** – und zwar gleich **zweimal**. Zweimal deshalb, um auf seine Doppelnatur hinzuweisen: **Wahrer Mensch und wahrer Gott**. Zuerst in Verbindung mit dem Himmel (hashamajim), dann in Verbindung mit der Erde (haaretz).

Sie kennen vielleicht jene Menschen, die behaupten, dieses oder jenes, was die Kirche lehre, sei nicht biblisch. Begründung: Es stünde eben nicht so in der Bibel. Hierzu ist zu sagen, dass ausnahmslos alles, was die Kirche lehrt, auch in der Bibel steht – nur steht halt einiges nicht direkt an der Oberfläche.

Ich will Ihnen ein Beispiel nennen: Es gibt Leute, die behaupten, in der Bibel sei an keiner Stelle von der Göttlichen Dreifaltigkeit die Rede. Oberflächlich betrachtet, stimmt das natürlich, aber wenn wir die Stelle in Ex 20,2 hinzuziehen, wo Gott seinen Namen als Tetragrammaton nennt – **jud-he-vav-he** –, dann finden wir in diesem Namen selbstverständlich das **Geheimnis der Allerheiligsten Dreifaltigkeit**. Denn unter der »jud« ist der Vater zu verstehen, also der Anfang und der Ursprung aller Dinge. Unter der ersten »he« der Sohn, durch den alles, was gemacht ist, sein Dasein erhielt. Unter der »vav«, der verbindenden Konjunktion, ist der Heilige Geist zu verstehen, die Liebe und die Vereinigung beider, der von beiden ausgeht. Die »he« ist doppelt, wegen der doppelten Natur in Christus. Durch die erste »he« wird dessen göttliche, durch die zweite »he« dessen menschliche Natur angedeutet.

Und wenn wir jetzt zum ersten Satz der Bibel zurückkehren – Bereshit bara **Elohim et** hashamajim **ve‹et** haaretz –, dann erkennen wir, dass der Name Gottes –

jud-he-vav-he – sogar im allerersten Satz der Bibel steht, und zwar auch noch in der richtigen Reihenfolge, denn:

- **Elohim** = Gott Vater
- **Et (alef-tav)** = Gott Sohn (Verbindung mit dem Himmel, *hashamajim*)
- **Ve** = Gott Heiliger Geist
- **Et (alef-tav)** = Jesus in seiner menschlichen Natur (Verbindung mit der Erde, *haaretz*). Da dieses zweite »alef-tav« direkt mit dem Buchstaben »vav« verbunden ist, im hebräischen Original also tatsächlich »vav-alef-tav« steht, erkennen wir, dass Jesus in seiner menschlichen Natur stets den Heiligen Geist, die dritte Person der Göttlichen Dreifaltigkeit, bei sich hatte.

Wer die Bibel also nur mit dem gerühmten »schlichten Verstande« liest, gleitet über die wundersamsten Punkte hinweg. Er steht auf dem Vorhof des Tempels und bekommt nie einen Blick hinein. Gott sei Dank hat uns der Herr den Heiligen Geist geschickt, damit er uns die Geheimnisse der Bibel immer tiefer erkennen lässt.

Die Bibel ist zwar die höchste Norm und unfehlbar in ihren Aussagen, allerdings bedarf es für ihr Verständnis der ebenfalls unfehlbaren Auslegung durch das kirchliche Lehramt. Wenn Sie beim Lesen der Bibel also ausschließlich auf Ihren Verstand vertrauen, werden Sie das Wesentliche nicht begreifen. Einen

Theologen, der während seines Theologiestudiums nicht wenigstens auch einige Semester Hebraistik und Judaistik studiert hat, können Sie vergessen.

Jeder Mensch ist unser Bruder. Aber viele Brüder leben noch in der Dunkelheit. Sie haben das volle Licht des katholischen Glaubens noch nicht empfangen. Ihnen müssen wir helfen. In erster Linie durch unser Gebet und unser Opfer. Den Rest macht dann der Herr.

Sonntag, 25. Juni 2017: Ich stand um fünf Uhr auf, weil Héctor keine genaue Uhrzeit genannt hatte. Er hatte nur gesagt, dass er sehr früh kommen würde. Und so war es auch. Kurz nach halb sieben stand er in der Tür. Kurz vor sieben ging ich zum Supermarkt und kaufte zehn Empanadas, weil Héctor sie sich gewünscht hatte.

Héctor malochte wie ein Tier. Bis zur Empanada-Pause standen der Wohnzimmertisch, der Fernsehschrank, das Bettsofa und der Schuhschrank. Danach waren mein Schreibtischsessel und der Esstisch dran. Abschließend sah er sich den Murks an, den die Arbeiter der paraguayischen Umzugsgesellschaft hinterlassen hatten und behob ihn. Besser ging's wirklich nicht. Héctor hatte nicht nur schnell und professionell gearbeitet, sondern auch mit einem Höchstmaß an Sorgfalt und Perfektion. Um Punkt zwölf Uhr dreißig war alles erledigt. Ich gab ihm seinen Lohn, und Maria reichte ihm zusätzlich noch eine Tüte Spielzeug für seine Tochter. »Der Junge ist wirklich Gold wert«, sagte Maria.

Jetzt begann die Feinarbeit. Wir packten die restlichen Kartons aus, wienerten die Wohnung auf Hochglanz, und Maria wusch körbeweise Wäsche. Die Ölgemälde und die Spiegel waren so schwer, dass wir eine Bohrmaschine, Dübel und Schrauben benötigen würden. Außerdem musste der Schuhschrank an der Wand befestigt werden. Am Dienstag kam Lucas aus Buenos Aires zurück. Er sagte, dass er entsprechendes Handwerkszeug zu Hause hätte und uns mitbringen würde: »Paso a paso.« Schritt für Schritt. Maria verdrehte die Augen. Nix paso a paso. Wir hatten ja bereits einige Erfahrungen mit dem Arbeitstempo unserer paraguayischen Umzugsgesellschaft gemacht. Paso a paso hieß, dass sie mit vier Mann an zwei Arbeitstagen noch nicht einmal die Hälfte unserer Möbel aufgebaut bekamen. Nicht auszudenken, wie lange es gedauert hätte, wenn wir diese Vögel hätten wirklich weiterwursteln lassen. Deutsche hätten in dieser Zeit wahrscheinlich ein ganzes Haus gebaut, die Polen zwei und die Chinesen vier Häuser.

Mittwoch, 28. Juni 2017: Um neun Uhr kam Lucas zum Kaffee hoch. Er brachte uns die Stromrechnung. Da waren wir aber mal gespannt. Der Abrechnungszeitraum erstreckte sich vom 26. Mai bis zum 19. Juni. Die Rechnung belief sich auf Gs. 32.700 (5,27 Euro). Wir mussten alle lachen. Aber bei diesem Betrag würde es künftig natürlich nicht bleiben. Wir lebten ja erst seit dem 9. Juni in der Wohnung, außerdem waren in dieser Zeit noch keine Stromfresser wie Herd, Staubsauger oder Bügeleisen im Einsatz.

Donnerstag, 29. Juni 2017 (Hochfest der Hll. Petrus und Paulus): Gegen halb neun kam Lucas wieder auf einen Kaffee zu uns hoch. Auf meine Frage: »Hast du die Bohrmaschine dabei?«, kam die übliche Antwort: »Mañana.« Ehrlich gesagt, hatte ich nichts anderes erwartet. Wir setzten uns auf die Terrasse, um unseren Kaffee gemeinsam einzunehmen.

In Paraguay vergeht kein Tag, an dem wir nicht einen Toyota mit einem großen Lautsprecher auf dem Dach durch die Straßen fahren sehen, aus dem ein unüberhörbares »Chipa barrero de Juan Ramon Ayala« ertönt. Ich fragte Lucas nach der Bedeutung, daraufhin erzählte er mir die überaus spannende Familiengeschichte dieser Chipa-Verkäufer. Ob die Geschichte stimmt, konnte ich allerdings nicht überprüfen:

Anfangs gab es nur zwei Brüder, die sich einen Bauchladen umhängten und ihre Chipas auf der Straße verkauften. Die Geschäfte liefen so gut, dass sie nach sechs Monaten weitere Familienmitglieder einstellen mussten. Nach einem Jahr wurden sie dann mobil. Bei einem Gewinn von bis zu 80 Prozent fiel es ihnen leicht, sich zwei nagelneue Toyotas zuzulegen und ganz Asunción mit Chipas zu beliefern. Inzwischen sind zwölf Toyotas im Einsatz.

Wir waren von der Geschichte beeindruckt, und ich sagte: »Alles was groß werden will, muss klein anfangen. Was hingegen groß anfängt, geht auch meistens groß zugrunde.« Und Maria sagte: »So werde ich mit meinem Käsekuchen auch anfangen.« Sie hatte ja bereits vor Wochen festgestellt, dass es in Asunción keinen Käsekuchen zu kaufen gab. Und ich war mir sicher, dass Marias Käsekuchen bei den Paraguayern wie eine Bombe einschlagen würde. »Dann musst du ihn aber deutschen Käsekuchen nennen«, meinte Lucas. »Die Paraguayer stehen auf alles, was deutsch ist. Sie würden für einen normalen Hammer vielleicht einen Euro bezahlen. Wenn du denen aber erzählst, dass das ein deutscher Hammer ist, bezahlen sie dafür auch gern zehn Euro.«

Jetzt kamen wir auf das wichtigste Thema zu sprechen: Gute Kontakte und geschäftliche Beziehungen. Nach meinen Informationen war die Asociación Nacional Republicana – Partido Colorado eine gute Kontaktbörse. Ich fragte Lucas, wie viele Mitglieder die Colorado-Partei mittlerweile hätte. Lucas schätzte ihre Mitgliederzahl auf rund zwei Millionen. Das war natürlich eine stattliche Zahl, wenn man bedachte, dass Paraguay gerade mal 7,3 Millionen Einwohner hatte. Inoffiziell hat Paraguay natürlich deutlich mehr Einwohner. Die Schätzungen belaufen sich auf über 8 Millionen, weil viele Geburten bei den Indigenen gar nicht in der offiziellen Statistik erfasst werden. Ich bat Lucas, die Parteizentrale anzurufen und dort nachzufragen, ob wir als Ausländer überhaupt Colorados werden konnten und wie die Anmeldung dann ggf. ablaufen würde. Lucas rief umgehend an. Ergebnis: Unsere cédulas wären ausreichend, und die Anmeldung würde fünf bis zehn Minuten beanspruchen.

Bueno. Ich sagte zu Maria: »Dann werde ich am 5. Juli Mitglied, da hat Cartes Geburtstag.« Horacio Cartes war zu jener Zeit Staatspräsident. Maria war einverstanden.

Freitag, 30. Juni 2017: Heute musste ich zur Bank, Geld für den nächsten Monat abholen. Es mussten Rechnungen bezahlt werden. »Wie viel kessef holst du ab?«, fragte Maria. »Neun Millionen«, sagte ich. Nach dem Chaos der letzten drei Monate mit ihren unvermeidlichen Sonderausgaben hatte ich jetzt einen ganz klaren Überblick über unser monatliches Budget: 3,5 Mio Miete für den dueño, 810.000 Krankenversicherung fürs Bautista, 720.000 für den Kindergarten, 2 Mio Haushaltsgeld für Maria. Der Rest in Höhe von 2 Mio Guaraníes verblieb für Strom, Kabelfernsehen, Internet, Frisör, Bus, Taxi oder Unvorhergesehenes. Oder es wurde schlichtweg zurückgelegt für unseren geplanten Brasilienurlaub. Ich liebte es, ein dickes Bündel Bargeld in der Tasche zu haben und cash zu zahlen – en efectivo.

Samstag, 1. Juli 2017: Um Punkt acht Uhr morgens kamen Lucas und Lili zum Waffelfrühstück. Lucas hatte seinen Werkzeugkasten mitgebracht. Und einen Bohrer. Eine Stunde lang wurde gefrühstückt, dann machten Lucas und ich uns an die Arbeit. Während sich unsere Frauen Fotoalben anschauten, hängten wir Bilder, Regale und Spiegel auf. Hätte ich Lucas eigenständig arbeiten lassen, wäre eine Katastrophe passiert. Er hätte von seinem Bohrer »nach Gefühl« Gebrauch gemacht. Als ich ihm erklärte, dass die Bilder und die Spiegel »deutsch« aufgehängt würden, also genauestens mit dem Zollstock austariert, machte er große Augen. »Muy inteligente«, staunte er. Eine Arbeit perfekt auszuführen, war in seinem Wesen einfach nicht angelegt. Die Erfahrung, dass in Paraguay weitestgehend schlampig gearbeitet wird, werden Sie als künftiger Zuwanderer höchstwahrscheinlich auch machen. Wobei man auch hier deutlich zwischen Stadt und Land unterscheiden muss. In Großstädten wie Asunción hat man durchaus Kenntnis vom rechten Winkel, aber auf dem Lande ist alles krumm und schief. Egal ob gemauert oder gestrichen wird: Ein einziges Geschmiere und Gekleckere. Leider wurden Lucas und ich mit unserer Arbeit nicht ganz fertig, weil sein Bohrer kurz vor dem Ziel den Geist aufgab.

Auch wenn jetzt noch nicht alles pikobello war, waren Maria und ich mit dem vorläufigen Ergebnis doch zufrieden. Jetzt konnte sich unsere Wohnung wirklich sehen lassen. Wir beschlossen spontan, Lucas und Lili für neunzehn Uhr zum Abendessen einzuladen. Die beiden sagten auch sofort zu. Während ich mich zum Mittagsschläfchen zurückzog, wischte Maria die ganze Wohnung.

Am Nachmittag hatten wir zwei Stromausfälle. Der erste dauerte rund fünfundvierzig, der zweite rund zwanzig Minuten.

Lucas und Lili trudelten gegen 19.20 Uhr bei uns ein. Die Hähnchenbollen wurden trotz der beiden Stromausfälle gerade noch rechtzeitig fertig. Ich legte »Quiet Nights« von Diana Krall in den CD-Player, damit auch gleich die richtige Stimmung für unsere kleine Soiree aufkam. Lili fragte, ob sie das Tischgebet »en castellano« beten könnte. Selbstverständlich. Was für eine Frage. Als wir von den beiden Stromausfällen berichteten, sagte Lucas, dass Fernando de la Mora schon immer unter Stromausfällen zu leiden gehabt hätte. Im letzten Jahr hätte es sogar sieben Tage lang keinen Strom gegeben. Die Transformatoren wären in der Hitze einfach explodiert.

Interessant wurde das Gespräch, als Lucas und Lili sich über die Intelligenz der Paraguayer ausließen. Ihrer Ansicht nach war sie nicht allzu sehr ausgeprägt. Ich führte das auf die Sprache zurück und sagte, dass es in der Sprache Guaraní keine Zukunftsform gäbe: »Los límites del idioma son los límites del pensamiento« (Die Grenzen der Sprache sind die Grenzen des Denkens). Was die beiden mir auch prompt bestätigten. Das Gros der Paraguayer wäre nicht in der Lage, die Zukunft rational zu planen. Sie würden nur im Hier und Jetzt leben. Lili meinte: »Wenn du einem Paraguayer eine Menge Geld in die Hand drückst, würde die Mehrheit das Geld noch am selben Tag auf den Kopf hauen.« Eine strukturierte Zukunftsplanung würde in ihren Köpfen einfach nicht existieren. Lucas bestätigte das und fügte hinzu, dass auch Alfredo Stroessner, der Paraguay von 1954 bis 1989 fünfunddreißig Jahre lang diktatorisch regiert hatte, eine große Schuld trüge.»A very bad and crazy man. Very, very bad«, sagte er. Stroessner hätte seinerzeit den Befehl ausgegeben, allem Salz das Spurenelement Jod restlos zu entziehen, bevor es in den Verkauf gelangte. Eine ganze Generation sei deshalb vom Kretinismus befallen. Erst die nachfolgenden Generationen ab 1989 wären wieder weitestgehend normal.

Maria und ich runzelten zweifelnd die Stirn. Davon hatten wir noch nie gehört, und ich fand auch bei meiner späteren Recherche im Internet nichts über diese offensichtliche Verschwörungstheorie. Lucas sagte, Stroessner hätte minderbemittelte Untertanen haben wollen, um ewig weiter regieren zu können. Gott sei Dank sei er von General Andrés Rodríguez, Stroessners Schwiegersohn, gestürzt worden. Stroessners Nachfolger wären aber auch alles nur Pfeifen gewesen. Erst mit dem jetzigen Präsidenten Horacio Cartes würde sich alles zum Besseren entwickeln.

Von wenigen Ausnahmen einmal abgesehen, hatten Maria und ich bis jetzt eigentlich einen guten Eindruck von den Paraguayern gewonnen. Allerdings beteten wir auch jeden Tag dafür, dass uns die Halunken vom Leibe blieben. Lucas zeichnete hingegen ein eher negatives Bild. »Du musst hier vier Augen haben. Zwei vorne, zwei hinten«, sagte er. Viele Paraguayer, vor allem die Männer, hätten auch keinerlei Verantwortungsgefühl, ergänzte er. »Die setzen mit unterschiedlichen Frauen mehrere Kinder in die Welt und prahlen dann auch noch damit. Was aus den Kindern wird, ist ihnen vollkommen egal.« Nun ja, dazu gehören ja immer zwei, dachte ich. Und da fiel mir ein, was ich irgendwann mal im Internet gelesen hatte: Es gibt in Paraguay nicht gerade wenige Frauen, die fünf Kinder haben, und jedes Kind ist von einem anderen Mann. Die indigenen Gene sorgen dafür, dass die Mädchen schneller reifen als in Europa. Dafür altern sie aber auch schneller. Ich weiß nicht, wie viele extrem junge Mütter im Alter von dreizehn oder vierzehn Jahren ich in den Straßen Paraguays schon mit Säuglingen auf dem Arm gesehen habe, die die Autofahrer um etwas Geld anbettelten.

Zur fortgeschrittenen Stunde wollten unsere Gäste dann deutsche Musik hören. Ich legte Helene Fischer auf, und das fanden sie dann wirklich ganz große Klasse. Wir kamen auf das Thema Bürokratie zu sprechen. Bürokratie funktioniert in Paraguay offensichtlich völlig anderes als in Deutschland. »In Paraguay gibt es Bürokratie nur für die Armen«, meinte Lucas. »Wenn du Geld hast, gibt es keine Bürokratie.« Wir baten um Erläuterung, und Lucas fuhr fort: »Wer in Paraguay seine Rechnungen pünktlich bezahlt, hat auch keine Probleme. Man wird von niemandem gestört und lebt absolut frei. Aber wehe, du hast kein Geld und musst dann zu einer Behörde. Egal, was dein

Anliegen ist, der Beamte wird immer gleich reagieren: Oh, eso es muy, muy complicado! Aus Sicht der Beamten ist grundsätzlich alles kompliziert. Sobald aber Bakschisch über die Theke wandert, werden die Dinge plötzlich ganz einfach. Dreh- und Angelpunkt ist in Paraguay also immer das Geld. Und zwar grundsätzlich. Wer in Paraguay über Geld verfügt, hat grundsätzlich keine Probleme. Je mehr Bakschisch, desto schneller und problemloser erfolgt auch die Bearbeitung.« Diese Wahrheit ist dermaßen elementar, dass ich diesem Buch sozusagen zwingend den Titel »In Paraguay zählt nur Cash« geben musste.

Trotz dieser kritischen Statements änderte sich an unserer Einstellung zu Paraguay vorerst gar nichts. Wir hatten ja von vornherein gewusst, dass es in jedem Land der Erde Licht und Schatten gibt. Und in Paraguay überwog das Licht den Schatten deutlich. Aus unserer deutschen Perspektive lebten wir hier im Paradies.

Wir stellten überraschenderweise fest, dass unsere Freunde in Deutschland doch allmählich wach wurden. Wenn wir telefonierten, fragten sie jetzt immer gleich: »Wisst ihr denn überhaupt, was in Deutschland los ist?« Ihre Frage bezog sich auf jene Nachrichten, die niemals in den medialen Fakestream kommen würden. Selbstverständlich wussten wir, was in Deutschland los war. Maria pflegte dann immer zu antworten: »Wir haben euch doch schon vor mehr zwei Jahren vor dem gewarnt, was kommen wird.« Interessanterweise war die Reaktion auf Marias Bemerkung dann immer gleich, nämlich Sendepause. Irgendein geheimnisvoller Knick in der Birne schien logisches Handeln bei unseren Freunden zu verhindern. Für Maria und mich war dieses Nicht-Handeln absolut unverständlich. Wenn jemand vollkommen mittellos war und allein schon deshalb in Deutschland ausharren musste, konnten wir das ja verstehen. Aber wenn jemand sowohl begütert als auch kinderlos war, zusätzlich auch noch über Hintergrundinformationen verfügte und dann trotzdem mit dem Arsch nicht hochkam, konnten wir beide nur noch den Kopf schütteln. Ich musste sofort an einen Satz von Maria denken, der sich mir damals tief eingeprägt hatte: **»Die haben nicht genug Gutes getan, so dass Gott ihnen nicht rechtzeitig die Augen geöffnet hat.«**

Montag, 3. Juli 2017: Da wir ja jetzt zur Gemeinde Fernando de la Mora gehörten, brauchten wir am Sonntag auch nicht mehr nach Asunción in die Kathedrale zu fahren. Die nächstgelegene katholische Kirche war San Sebastián an der Avenida Mariscal López. Wir wollten unbedingt unsere neue Wohnung segnen lassen. Heute riefen wir endlich Padre Gustavo an und vereinbarten einen Termin mit ihm. Er freute sich, dass er unsere Wohnung segnen durfte und sagte, dass er übermorgen zwischen 18 und 19 Uhr vorbeikommen würde.

Mittwoch, 5. Juli 2017: Gegen acht Uhr dreißig fuhr ich mit dem Bus nach Asunción zur Parteizentrale der

Colorados, Calle 25 De Mayo 842. Das Gebäude war ganz in Rot gehalten. Ich passierte die Säulen des Atriums, meldete mich bei Comunicación y Prensa, der Presseabteilung, und nannte mein Anliegen. Ein freundlicher Herr geleitete mich zur Anmeldestelle, meine Personalien wurden aufgenommen, und zehn Minuten später war ich ein Colorado.

Padre Gustavo kam abends um halb sieben. Als ich ihn draußen in Empfang nahm, strahlte er mich an und zeigte mir als erstes den Lutscher, den er unserer Tochter mitgebracht hatte. Maria hatte den Tisch schon gedeckt. Es gab Kaffee und Kuchen. In ganz einfachem Castellano erzählten wir etwas über uns, zeigten ihm ein paar Familienfotos und plauderten über unser neues Leben in Paraguay. Gegen 19.15 Uhr erhoben wir uns, und der Priester begann mit dem Gebet. Es war wirklich ergreifend. Abschließend segnete er noch das Weihwasser in unserer Wohnung. Nach der Verabschiedung war Maria ganz begeistert von dem Geistlichen: »Das ist ein ganz kultivierter, ein unglaublich feiner Mensch.« Ich pflichtete ihr bei. Heute war wirklich ein großartiger, ein wundervoller Tag.

Donnerstag, 6. Juli 2017: Als wir gegen Mittag aus San Lorenzo, wo wir die Kathedrale besichtigt hatten und im Machetazo einkaufen waren, zurückkehrten, und das Thermometer mal wieder 27 Grad im Schatten anzeigte (in Paraguay ist gerade Winter), sagte ich zu Maria:»Im Großen und Ganzen ist unser Buch fertig.

Eigentlich könnte ich das Manuskript jetzt zum Verlag schicken.« Aber Maria meinte: »Warte noch.«

Samstag, 8. Juli 2017: Heute Abend hatten wir wieder Lucas und Lili zu Gast. Maria hatte Lasagne zubereitet. Als die beiden gegen neunzehn Uhr bei uns eintrudelten, gratulierte Lili mir erst mal zu meinem Eintritt in die Colorado-Partei. Dass ich seit drei Tagen ein Colorado war, erfreute sie zutiefst. Ich zeigte ihr meinen Parteiausweis. »Was macht dein Käsekuchen?«, wollte Lucas von Maria wissen. Maria machte ihm erst mal klar, dass sie bis jetzt noch in keinem Supermarkt Quark gefunden hatte. Quark war aber ein essentieller Bestandteil ihres Käsekuchens. Lucas versprach, dass er sich darum kümmern würde. Daraufhin sagte Maria, dass sie auch deutschen Eierlikör herstellen möchte. Ihre Schwägerin hatte ihr nämlich aus Deutschland ein tolles Rezept geschickt. Dabei war allerdings schon wieder ein Problem aufgetreten: In keinem Supermarkt gab es Vanilleschoten zu kaufen. Auch darum würde sich Lucas kümmern müssen.

Umzug nach Villa Elisa

Ich sagte ja bereits, dass das Manuskript des Buches, das Sie gerade lesen, im Grunde schon am 8. Juli 2017 fertig war, aber Maria hatte mir geraten, mit der Veröffentlichung noch zu warten. Die Folge war, dass ich das Manuskript für lange Zeit nicht mehr anrührte, es auch irgendwie vergaß und die Ereignisse der folgenden viereinhalb Jahre deshalb nur noch ganz grob aus dem Gedächtnis wiedergeben kann.

Im August 2017 kamen wir zu der Einsicht, dass unsere Wohnung in Anbetracht der Tatsache, dass sie keinen Garten und eine viel zu kleine Terrasse hatte, viel zu teuer war. Sie lag allerdings nur fünfzig Meter von der berühmten Avenida Mariscal López entfernt. Da war es nicht verwunderlich, dass sie monatlich Gs. 3,5 Millionen (rd. 565 Euro) kostete. Wenn das Häuschen, das wir uns vorstellten, einen großem Garten besitzen und auch noch deutlich billiger sein sollte als unsere jetzige Wohnung, dann mussten wir wohl ländlichere Gefilde anstreben. Es dauerte auch nur wenige Tage, bis wir ein geeignetes Objekt gefunden hatten. Wir riefen die Telefonnummer an, die draußen am Tor angeschlagen war, und vereinbarten einen Besichtigungstermin mit dem Eigentümer.

Während ich anfangs noch zögerte, war Maria von der ersten Minute an begeistert. Das Haus war solide gebaut und verfügte über einen rund zweitausend Quadratmeter großen Garten. Dahinter schloss sich ein weiterer, rund viertausend Quadratmeter großer Garten mit Obstbäumen (Mangos, Zitronen, Pampelmusen und Mandarinen) an. Die monatliche Miete sollte sich auf 1,5 Millionen Guaraníes (damals rd. 242 Euro) belaufen. Wir überschliefen die Angelegenheit und kamen schließlich zu dem Ergebnis, dass wir ein Schnäppchen machen würden.

Am 28. August 2017 teilte uns der Eigentümer mit, dass wir das Haus mieten könnten, und am 9. September unterschrieben wir den Mietvertrag. Alles war glatt gelaufen, und auch der dueño unserer Mietwohnung in Fernando de la Mora machte keinerlei Anstalten, als ich ihm mitteilte, dass wir die Wohnung zum 30. September 2017 kündigen wollten.

Lucas organisierte den Umzugswagen seines Schwiegervaters, die ganze Verwandtschaft half mit, und am Samstag, den 16. September 2017 zogen wir in unser neues Haus.

Eines der ersten Dinge, die mir der Eigentümer mitteilte, war, dass ihm sein Rasen heilig war. Was das hieß, lag auf der Hand. Da es auf den Sommer zuging (Dezember bis Februar), waren Temperaturen von bis zu 40 Grad Celsius durchaus normal. Das bedeutete, dass sein Rasen jeden Tag gewässert werden musste. Das war zwar zeitaufwendig, aber nicht kostenintensiv. Wasser ist in Paraguay billig, und trotz unseres außergewöhnlich hohen Wasserverbrauchs, beliefen sich unsere monatlichen Wasserkosten in der Folge immer so um die 10 Euro.

Wir lagen sowohl mit Luis – so hieß unser neuer dueño – als auch mit seiner Frau Sandra sofort auf einer Wellenlänge, und so ist es wohl zu erklären, dass sie uns noch vor unserem Umzug fragten, ob wir am Haus noch irgendetwas gemacht haben möchten. Ja, natürlich. Wir sagten, dass wir sowohl alle Fenster vergittert als auch die Außenmauern mit Stacheldraht versehen haben möchten. Die Mauern, die das Grundstück umgaben, waren zwar über zwei Meter hoch, stellten aber für Einbrecher kein Problem dar. Luis reagierte sofort. Bereits am nächsten Tag waren alle Fenster vergittert, und eine Woche später waren auch die Außenmauern zusätzlich mit Stacheldraht versehen. Für deutsche Leser, die noch in der deutschen Romantik der Achtzigerjahre schwelgen, wo die meisten Einfamilienhäuser nur über einen niedrigen Holzzaun oder über eine kniehohe Steinmauer verfügten, mag das ungewöhnlich klingen, aber dieses hohe Sicherheitserfordernis gilt eigentlich für ganz Lateinamerika. Eine zwei oder drei Meter hohe Mauer mit Stacheldraht oder ein entsprechend hoher Eisenzaun mit scharfen Spitzen oder ein Elektrozaun, der ums Häuschen gezogen wird, ist hier ein Muss.

Wir fühlten uns sofort heimisch. Maria kochte und putzte leidenschaftlich gern, ich war stundenlang mit Gartenarbeit beschäftigt, und unsere Tochter hatte endlich ein Riesengrundstück zum Spielen. Und ständig lernten wir neue Leute kennen. Ende September trafen wir beim Einkaufen im Supermarkt eine Ordensschwester. Sie fand uns offensichtlich so interessant, dass sie uns vor dem Supermarkt direkt ansprechen musste. Sie hieß Hermana María und stammte aus Italien. Anfangs war sie völlig überrascht, dass wir Katholiken waren. Sie hatte immer geglaubt, alle Deutschen wären evangelisch. Wir freundeten uns schnell mit ihr an, und in den Folgemonaten war sie häufig bei uns zu Kaffee und Kuchen eingeladen. Durch sie lernten wir auch viele andere interessante Menschen kennen.

Sandra, die Frau unseres Vermieters, war, wie wir schnell merkten, sehr katholisch. Und da sie merkte, dass sie damit bei uns offene Türen einrannte, schlug sie vor, dass wir am Wochenende alle zur Muttergottes von Caacupé fuhren. Wir waren neugierig und willigten ein. Am Sonntag, den 8. Oktober 2017, fuhren wir also frühmorgens mit zwei Autos nach Caacupé, nahmen dort an der heiligen Messe teil und aßen auch dort zu Mittag. Im Mittelpunkt dieses berühmten Wallfahrtsortes steht die »Basílica de la Virgen de los Milagros«. Die Marienstatue in dieser Kathedrale gilt als wundertätig.

Wir hatten wirklich Glück mit unseren Vermietern. Alle drei Wochen kamen sie mal vorbei, um nach dem Rechten zu sehen. Luis und sein Sohn Diego mähten dann den Rasen, kürzten die Hecken oder pflückten Obst aus dem wirklich riesigen Obstgarten. Heiligabend und Silvester feierten wir ebenfalls mit unseren

Vermietern in unserem Garten mit einem herrlichen Abendessen, das die Frauen gemeinsam zubereitet hatten. Beide Male mit Feuerwerk. In Paraguay ist es nämlich Usus, an Heiligabend das Christkind mit einem großen Feuerwerk »anzuschießen«.

Anfang Januar 2018, als ich im Bautista unsere Krankenversicherung in Höhe von Gs. 810.000 für den laufenden Monat wie gewohnt in bar bezahlen wollte, sagte mir die Kassiererin: »Die Versicherung hat sich auf Gs. 891.000 erhöht.« Als ich mich nach dem Grund für diese zehnprozentige Erhöhung erkundigte, sagte sie: »Der Mindestlohn ist gestiegen.« Verarschen kann ich mich alleine. Ich hätte zumindest erwartet, dass man mich im Voraus über diese Erhöhung informiert hätte. Damit war für mich die Sache klar. Unser Vertrag für die private Krankenversicherung lief ohnehin zum 30. April aus. Es würde definitiv keine Verlängerung geben.

Über die Nonne Hermana María lernten wir auch zwei junge Studenten kennen – Rodrigo und seine Freundin Patricia. Eines Tages erzählte uns Hermana María, dass Rodrigo und sein Bruder eine kleine Werkstatt mit 3D-Druck eröffnen würden und wir zur Einweihungsparty eingeladen wären. Monseñor Edmundo, der Erzbischof von Asunción, würde dann ebenfalls anwesend sein, um die Maschinen zu segnen. Die Einladung nahmen wir natürlich an, und als es soweit war und ich den Erzbischof persönlich sprechen konnte, lud ich ihn für den 5. Februar zu uns nach Hause zum

Essen ein. Er gab mir sofort seine Handynummer und kam dann auch tatsächlich. Mit seinem Fahrer natürlich, der ebenfalls Priester war. Padre Gustavo hatten wir auch eingeladen, und somit hatten wir zum Essen dann gleich drei Priester zu Gast. Als Gastgeschenk brachte uns Monseñor Edmundo drei von ihm gesegnete Rosenkränze mit. Dann wollte er wissen, in welchen Kindergarten unsere Tochter ginge. Ich sagte ihm, dass wir unsere Tochter gern in dem privaten katholischen Colegio San Francisco ganz in der Nähe untergebracht hätten, weil es halt einen exzellenten Ruf hatte, aber dass wir die Anmeldefrist im November 2017 leider verpasst hätten. Der Erzbischof griff sofort zum Handy, rief die Direktorin des Colegios an, und eine Minute später hatte unsere Tochter einen Kindergartenplatz. Am nächsten Tag, den 6. Februar, meldeten wir sie offiziell an. Ihren ersten Kindergartentag hatte sie dann aber erst am 5. März 2018, weil wir vom 14. Februar bis 2. März in Brasilien, genauer gesagt in Florianópolis, Urlaub machten.

Monseñor Edmundo wollte dann noch von mir wissen, was ich denn den lieben langen Tag so machte. »Relajando« (Relaxen bzw. faulenzen) konnte ich ihm ja schlecht antworten. Also sagte ich ihm, dass ich wenig Befriedigung darin fand, unseren riesigen Garten Tag für Tag vom Unkraut zu befreien. Ich würde hier gern einer vernünftigen Arbeit nachgehen, wüsste aber auch, dass es für Ausländer in Paraguay nicht leicht wäre, einen Job zu finden. Daraufhin bat er mich, meinen Lebenslauf in Castellano zu schreiben und fünf ausgedruckte Exemplare bei seiner Sekretärin am Eingang des erzbischöflichen Palais abzugeben. Was ich kurze Zeit später auch tat.

Im weiteren Verlauf des Februars 2018 las ich mir im Internet mal wieder die kryptischen Nachrichten eines gewissen »Q« durch. »Q« postete bereits seit Ende Oktober 2017, aber erst im Dezember 2017 wurde ich über den eulenspiege-blog.com auf das Q-Phänomen aufmerksam. Kurz danach verfolgte ich auch die sehr interessanten Analysen bei n8waechter.info und globalundergroundnews.de. Maria bekam das mit und fragte: »Was liest du denn da?« Ich erklärte es ihr in groben Zügen. Dabei lief bei ihr sofort ein Film ab, den sie mir sinngemäß wie folgt wiedergab:

Trump hat eine Exekutionstruppe aus ganz speziellen Militärs zusammengestellt, die weltweit die Mitglieder des Deep State liquidieren. Es wird später also nur wenige Schauprozesse und auch nur für die ganz dicken Fische geben. Die meisten werden ohne Prozess entsorgt.

Als ich Maria fragte, ob es sich bei »Q« eventuell um Jared Kushner handeln würde, sagte sie: **»Nein. Qs Gesicht wirst du niemals sehen. Aber wie er mit Trump in Kontakt tritt, kann ich dir nicht sagen.«**

Des Weiteren: **»Das Militärkommando, von dessen Operationen Q weiß, hat nichts mit irgendeinem Geheimdienst zu tun. Es war Trumps Idee, die Verbre-**

cher geräuschlos zu liquidieren, aber es wird niemals ein Kontakt zu Trump nachzuweisen sein.« Und dann sagte Maria noch: »**Von Q gibt es gar nichts. Noch nicht einmal Fingerabdrücke.**«

»Q« weiß also über alle Operationen des militärischen Spezialtrupps genauestens Bescheid, gehört ihm auf operativer Ebene aber nicht an! Und ganz wichtig: Trump weiß nicht, wer »Q« ist!

Am 14. Februar 2018 traten wir unseren Badeurlaub an. Da Flüge von Paraguay nach Brasilien für Normalsterbliche unbezahlbar sind, fuhren wir mit einem äußerst komfortablen Reisebus von Asunción zu dem wunderbaren Badeort Florianópolis. Die Reise verlief völlig problemlos, dauerte allerdings 24 Stunden!

Unser Hotel lag direkt am Strand. Strand und Meer hätten einfach nicht schöner sein können, und im Februar ist das Wasser in der Regel ohnehin maximal aufgeheizt. Wir hatten jeden Tag wunderbares Wetter. Die Temperaturen stiegen nie über zweiunddreißig Grad. Aber als wir eines Tages nur noch 24 Grad hatten, empfanden wir das doch als recht kalt, so sehr hatten sich unsere Körper bereits an die hohen Temperaturen in Paraguay gewöhnt.

Das brasilianische Fernsehprogramm war sehr katholisch. Das war vor zehn Jahren noch anders. Damals hatten die ganzen Sekten mit ihren Telenovas der Kirche den medialen Rang abgelaufen. Nach massiver

Unterstützung der katholischen Fernsehsender hat sich das Bild aber inzwischen vollkommen gewandelt.

Ganz nebenbei: Zirka 150 Autokilometer nördlich von Florianópolis liegen zwei wunderschöne deutsche Städtchen: Blumenau und Pomerode.

Als wir am 1. März die Rückreise antraten – natürlich wieder mit dem sehr komfortablen Reisebus –, gerieten wir in mehrere Staus, so dass sich die gesamte Reisezeit diesmal auf 28 Stunden belief.

Am 5. März 2018 hatte unsere Tochter ihren ersten Kindergartentag im Colegio San Francisco. Der Kindergarten begann um sieben Uhr, das hieß für uns: Fünf Uhr aufstehen. Maria und ich brauchen erst mal eine Stunde Kaffeetrinken auf der Terrasse, um richtig wach zu werden. Ab sechs Uhr ging es dann ins Badezimmer, Frühstücken und Kinderkoffer packen: Feuchttücher, Sandwich, Obst, Trinkpäckchen, Zahnbürste, Zahnpasta. Um 6.50 Uhr brachten wir unsere Tochter zum Colegio. Dort wurde sie erst mal richtig eingekleidet, denn in Paraguay herrscht in Kindergärten und Schulen Uniformpflicht. Auf die Vorteile von Schuluniformen brauche ich an dieser Stelle nicht einzugehen. Sie liegen auf der Hand. Die monatlichen Kosten für das Colegio hielten sich im Rahmen: Gs. 300.000, also weniger als 50 Euro. Die Uniformen, Schuhe und diverse andere Kleinigkeiten mussten natürlich separat bezahlt werden.

Der Kindergarten endete um 10.45 Uhr. Am strahlenden Gesicht unserer Tochter erkannten wir, dass ihr dieser erste Tag im Colegio sehr gut getan hatte. Und so sollte es in den Folgemonaten auch bleiben.

In Paraguay gibt es neben diesen privaten, kostenpflichtigen Colegios auch staatliche Schulen. Sie heißen Colegio nacional, also Nationalschulen. Nationalschulen sind zwar nicht kostenpflichtig, aber dafür erreichen sie auch nicht das Niveau der privaten Schulen. Volk und Vaterland werden zwar in beiden Schultypen großgeschrieben, aber in den privaten katholischen Schulen erfährt die Persönlichkeit des Schülers eben auch eine profunde sittliche Bildung. Falls Sie also mit Kleinkindern nach Paraguay auswandern, haben Sie hier die absolute Garantie, dass aus Ihren Kindern auch sittlich gefestigte Menschen werden: Gott und Familie, Volk und Vaterland werden hier ganz, ganz groß geschrieben.

Eine bedeutende Stellung nimmt in Paraguay die Muttergottes ein. Die Paraguayer nennen sie nur »La Virgen« – die Jungfrau – oder in der Verniedlichung »La Virgencita«. Das Land ist geradezu überschwemmt mit Gnadenbildern der Muttergottes. Sie bietet maximalen Schutz vor Hunger, Seuchen, Terror und Krieg. Wenn alle Stricke reißen: Die Eine hilft immer! Alle Päpste haben diese unumstößliche Wahrheit zu allen Zeiten hervorgehoben. Es gibt in dieser Zeit nur einen Rettungsanker: Die Weihe an das Unbefleckte Herz Mariens und das tägliche Rosenkranzgebet.

Ich hatte ja mal im ersten Paraguay-Buch geschrieben, dass es in Paraguay keinen Sozialstaat gibt. Das hat einerseits den Vorteil, dass sich hier nur Ausländer mit Geld niederlassen (Asylbetrug wie in Deutschland ist also undenkbar), andererseits den Nachteil, dass der Paraguayer keine Rente bezieht. Viel zurücklegen fürs Alter kann er nicht, da der Verdienst mal gerade so zum Leben reicht. Folglich halten hier viele Beamte, z.B. die Polizei, die Hand auf. Heißt: Für Geld bekommt man in Paraguay eigentlich alles. Die wenigen Unbestechlichen müssen dafür entweder bis zu ihrem Tode arbeiten oder viele Kinder in die Welt setzen, die ihre Eltern im Alter dann mit durchziehen. Letzteres ist hier eigentlich die Regel, weil die Mehrheit gar nicht die Möglichkeit zu korruptem Verhalten hat. Die Familie steht an erster Stelle, und paraguayische Frauen kriegen in der Regel zwischen drei und fünf Kinder. Bei der indigenen Bevölkerung können es aber auch schon mal sieben oder neun Kinder sein.

Ich fragte Maria, warum sie den ganzen Tag singt. Antwort: »Das ist Christus, Schatz, die pure Lebenslust.« Und als ich ihr einen Artikel über die großartigen Leistungen Donald Trumps vorlas, sagte sie: »Trump ist ein guter Junge. Er weiß, wie man ein Land wieder nach vorne bringt. Er glaubt ja auch an Christus. Gott gibt ihm alles ein.« Als ich sagte, dass zwar schon viele ihrer Schauungen eingetreten wären, einige aber noch nicht, und dass einige ihrer zeitlichen Angaben falsch gewesen wären, sagte sie: **»Alles, was in unseren Büchern steht, wird eintreten. Aber auch, wenn ein**

Seher ein Datum sieht, kann Gott immer noch einschreiten und den Zeitpunkt verändern. Es kommt die Zeit, wo sich die Leute an das, was ich gesagt habe, erinnern werden.«

»Und was denkst du über mich?«, fragte ich Maria. Sie sagte: »Du hast ein goldenes Herz, eine ganz weiße Seele und Hände wie ein Bischof. Wenn du nicht so katholisch wärst, wärst du einer der besten Zuhälter der Welt geworden.« »Wie kommst du denn da drauf?«, fragte ich entsetzt. »Ich kenne keinen Mann, der eine Frau professioneller um den Finger wickeln kann.«

Den Auftakt zur Semana Santa, der heiligen Woche, die mit dem Palmsonntag beginnt und am Ostersonntag endet, feierten wir mit einem großartigen Pontifikalamt in der Kathedrale von Asunción. Und eine Woche später, am 1. April 2018, dem Ostersonntag, wohnten wir dort einem weiteren Pontifikalamt unter der Leitung von Erzbischof Monseñor Edmundo bei. Nach der Messe wollten wir im Bolsi zu Mittag essen, machten aber vorher einen kurzen Stopp im Park. Wir saßen gerade auf der Parkbank, als ich einen Anruf von Monseñor Edmundo erhielt. Ich war sehr überrascht, als er mir mitteilte, dass ich in Kürze einen Anruf von einem gewissen Señor Vidal erhalten würde. Señor Vidal würde sich gern mit mir wegen meiner Bewerbungsunterlagen zusammensetzen.

Und so kam es auch. Señor Vidal, ein japanisch-stämmiger Paraguayer, besuchte uns zu Hause. Er war bereits über achtzig Jahre alt und fuhr immer noch Auto. Und er reichte mir gerade mal bis zu Schulter. Meine Bewerbungsunterlagen hatte er dabei. Wir setzten uns auf das Korbsofa auf unserer Terrasse. Während Maria uns mit Kaffee und Keksen versorgte, sagte er, dass er für mich einen möglicherweise interessanten Job an einer privaten Universität in Villarrica hätte. Villarrica liegt rund 150 Kilometer südöstlich von Asunción. Der Rektor der Universität sei sowohl ein guter Freund von ihm als auch von Monseñor Edmundo. Dann schlug er mir ein kurzfristiges Treffen mit dem Rektor im japanischen Zentrum in Asunción vor. Wir würden dort gemeinsam zu Mittag essen. Natürlich war ich sofort einverstanden. Das Treffen, zu dem ich auch Maria und unsere Tochter mitgenommen hatte, verlief in familiärer Atmosphäre, denn der Rektor hatte ebenfalls seine Frau und seine Tochter mitgebracht. Und es verlief auch erfolgreich. Der Rektor, ein jovialer Mann um die Siebzig mit weißem Haar und weißem Bart, hatte meinen Lebenslauf aufmerksam studiert und wusste genau, wo meine Kernkompetenzen lagen. Während des Essens erzählte er mir zunächst etwas über die Geschichte der Universität, und als wir warm geworden waren, sagte er mir, dass die Geschäftsprozesse der Universität dringend verbessert werden müssten. »Die Prozesse laufen nicht richtig, und ich möchte wissen, wieso.« Wenn ich an dem Job interessiert wäre, würde er in den nächsten Tagen mit den dueños, also den Eigentümern der Universität, sprechen und mich für diesen Job vorschlagen. Nach dem Mittagessen sagte Maria zu mir: »Der Rektor ist von deiner Intelligenz und deinem Wesen begeistert. Du wirst den Job bekommen.«

Natürlich bekam ich den Job. Allerdings erst ein knappes halbes Jahr später, nämlich zum 1. September 2018. Denn in Paraguay, und das wissen Sie bereits, läuft alles absolut tranquilo. Stress macht sich hier niemand. Und was Señor Vidal betraf: Er wurde zu einem unserer engsten Freunde. Er führte uns in die japanisch-stämmige Community ein und brachte Maria auf dem japanischen Golfplatz das Golfspiel bei. Als wir rund ein Jahr später von seinem Tod erfuhren, waren wir erschüttert und tieftraurig, denn Señor Vidal war ein sehr feiner und kultivierter Mensch gewesen.

Im April 2018, als wir wieder einmal beim Thema »Q« waren, sagte Maria, dass Guantanamo trotz Erweiterung zu klein wäre. **»Die Amerikaner werden eine zurzeit nicht erschlossene Insel zu einem Mega-Guantanamo umbauen, um die ganzen Kranken wegzusperren.«**

Am 22. April 2018 wählten die Paraguayer einen neuen Präsidenten: Mario Abdo Benítez, kurz »Marito« genannt. Dass er das Rennen machen würde, hatte mir Luis, unser Vermieter, bereits im September 2017 gesagt. Als ich am Wahltag abends im Supermarkt Bier kaufen wollte, staunte ich nicht schlecht: Die Regale mit den Spirituosen waren alle abgesperrt und zugehängt. Es gibt nämlich ein Gesetz, welches den Verkauf von Spirituosen am Wahltag verbietet. Ich ging dann zur Tankstelle und stellte mich als Ausländer einfach so lange dumm, bis die Verkäuferin genervt aufgab und mir sechs Dosen Heineken verkaufte. Wieder zu Hause fragte ich Maria, was sie denn vom neuen Präsidenten hielte. Maria sagte: »Der Cartes war gut. Der hat viel Gutes fürs Volk getan. Aber bei Marito weiß ich nicht ...«

Am 4. Mai 2018 las ich auf Welt Online folgenden Artikel: »Streit über Kommunion. Papst Franziskus treibt den Machtverlust des Vatikans voran.« Nun, ich möchte die Sache mal von einer ganz anderen Warte aus beurteilen. Wie Sie wissen, ist Papst Franziskus Latino. Und die lateinamerikanische Seele tickt vollkommen anders als die europäische. Während die europäische bzw. abendländisch-faustische Seele (z.B. Papst Johannes Paul II. mit seiner Enzyklika »Veritatis splendor«) für objektive und absolute Wahrheiten einsteht, empfindet die Latinoseele nur Intervalle, Orbitale, Deutungsspielräume. Wenn ich hier einen Paraguayer frage: »Wann kommst du?«, erhalte ich niemals eine präzise Uhrzeit. Deutsche Präzision ist im Wesen des Latinos überhaupt nicht angelegt. Die Antwort ist entweder »A la mañana« oder »A la tarde« oder »A la noche«. Und »A la tarde« das ist dann irgendwann zwischen 13 und 20 Uhr. Die Antwort auf das Rätsel Papst Franziskus ist also ganz einfach: Er ist ein typischer Latino.

Montag, 7. Mai 2018: Noch eine Woche bis zum Nationalfeiertag (14. Mai) und Unabhängigkeitstag (15. Mai).

Die Kindergartenkinder und Schüler des Colegios San Francisco müssen jetzt eine Woche lang eine sogenannte escarapela (Kokarde) an ihrer Uniform tragen. Um sieben Uhr morgens versammeln sich alle militärisch geordnet auf dem Schulhof. Nach dem gemeinsamen Vaterunser wird die Nationalhymne gespielt und gesungen. Zwei uniformierte Mädchen mit weißen Handschuhen hissen dabei die paraguayische Flagge. So läuft das hier.

Am selben Tag las ich auf haaretz.com, dass Paraguay seine Botschaft ebenfalls von Tel Aviv nach Jerusalem verlegen würde. Sehr erfreulich.

Dienstag, 15. Mai 2018: Der Unabhängigkeitstag ist in Paraguay gleichzeitig der Muttertag. Um neun Uhr begann die Militärparade, die wir uns im Fernsehen anschauten. Sie wurde allerdings um 10.45 Uhr abrupt abgebrochen, weil ein Sturm aufzog.

Am 21. Mai 2018 kauften wir uns eine »parrilla«, einen Grill, und drei Tage später, am Feiertag »María Auxiliadora« (»Maria, Hilfe der Christen«), veranstalteten wir eine große Grillparty.

Ich komme jetzt zu einem Thema, das nur indirekt etwas mit Paraguay zu tun hat. Ich schneide es nur deshalb an, weil man hier auch sehr viele skurrile Personen kennenlernen kann. Einen Mann fand ich besonders interessant, aber da er mich ausdrücklich bat, seine Identität unter keinen Umständen preiszugeben, werde ich das auch beherzigen. Nennen wir ihn also einfach Hermann. Hermann ist ein deutscher Aussteiger, der noch zu Stroessners Zeiten nach Paraguay auswanderte.

Hermann hatte vor einem Jahr »drei riesige UFOs mit einer Ausbuchtung an der Unterseite« am Himmel beobachtet. An das genaue Datum erinnerte er sich nicht mehr. Zwei UFOS hätten zur Landung angesetzt, das dritte wäre unbeweglich in der Luft stehengeblieben. Nach einigen Minuten wären die beiden gelandeten Flugscheiben wieder auf die Höhe der dritten Flugscheibe emporgestiegen, hätten dort einige Augenblicke verharrt, und dann wären nur noch »drei senkrechte Lichtblitze« zu sehen gewesen. Alle drei Flugkörper wären von der einen auf die andere Sekunde verschwunden gewesen. Das ganze wäre so gegen 17 Uhr passiert, es war also noch nicht stockdunkel, so dass Hermann die Umrisse der Flugscheiben genau erkennen konnte. Ich fragte ihn nach dem ungefähren Durchmesser. Er sagte: »Mindestens zehn Meter«. Das Ganze geschah am Río Paraguay, ungefähr fünf Kilometer südlich von Asunción. Quer durch den Fluss verläuft die Grenze zwischen Argentinien und Paraguay. Da ein Wäldchen die Beobachtung der letzten Augenblicke der Landung verhindert hätte, könnte er aber nicht mit letzter Sicherheit sagen, ob die Scheiben auf argentinischem oder auf paraguayischem Gebiet niedergegangen wären.

Eigentlich hat mich das Thema Ufos noch nie sonderlich interessiert, aber am 28. Mai 2018, als Hermann auf ein Heineken vorbeikam, sahen wir uns dann doch einige UFO-Videos auf YouTube an. Ich weiß nicht mehr, wie ich dahin gelangt bin, aber plötzlich lief ein Video über eine »Expedition« unter der Führung des US-amerikanischen Admirals Richard E. Byrd (»Operation Highjump«), deren Ziel es angeblich gewesen war, eine geheime Nazi-Basis (»Neuschwabenland«) in der Antarktis zu zerstören. Diese zunächst auf sechs Monate ausgelegte »Expedition« sei aber nach zwei Monaten, nämlich im Februar 1947, abrupt abgebrochen worden, weil der Flottenverband kurz vor dem Erreichen der Antarktis angeblich von »fliegenden Untertassen«, die plötzlich aus dem Wasser hervorschossen waren, angegriffen worden sei. Nach nur zwanzigminütigem Kampf habe Admiral Byrd große Verluste an Schiffen, Flugzeugen und Menschenleben zu verzeichnen gehabt.

Wahrscheinlich ergeht es Ihnen jetzt genauso wie mir damals: Sie haben noch nie etwas davon gehört.

Hermann sah mir über die Schulter und sagte dann: »Die Story stimmt. Der Admiral sollte die geheime Nazi-Basis ausfindig machen und zerstören. Hat aber nicht geklappt. Hitler war damals in der Antarktis zu Besuch. War sein letzter Besuch dort. Dann reiste er zurück nach Argentinien und zeugte dort zwei Kinder. Hitler wurde neunzig Jahre alt. Er starb an Krebs.«

»Du spinnst ja«, sagte ich. Dann schaute ich mir ein weiteres Untertassen-Video an. Hermann hatte sich jetzt neben mich gesetzt und sagte: »Das interessiert mich.« Er schaute eine Weile zu, dann sagte er, dass die dort gezeigten UFO-Modelle schon seit Jahrzehnten nicht mehr im Einsatz wären. »Die aktuellen Raumschiffe sind riesig und extrem flach und mit unvorstellbar weit entwickelter Technik ausgestattet.«

Eine Woche später, am 4. Juni 2018, war Hermann wieder bei uns zu Gast. Ich hatte in den letzten Tagen etwas im Internet recherchiert und dabei von deutschen Stationen auf dem Mond und auf dem Mars gelesen. Natürlich hielt ich das alles für Schwachsinn, aber als ich Hermann davon erzählte, sagte er: »Auf dem Mars leben aktuell fünfzig Deutsche. Aber das mit dem Mond stimmt nicht.« »Und wovon leben die?«, fragte ich. »Die leben von einer Flüssigkeit, die ein deutscher Arzt entwickelt hat. Dieser Arzt lebt aber nicht mehr.« Dann sagte er, dass die ersten Marsflüge alles Todesflüge gewesen waren. Die Flugkörper der Deutschen kamen zwar sicher zum Mars, aber nicht mehr zurück. Ihre Technik war noch nicht so weit.

An diesem Nachmittag unterhielten wir uns noch lange über dieses Thema. Was ich dabei aus Hermanns Mund erfuhr, war allerdings so unglaublich, dass ich es nicht veröffentlichen möchte. Der Satz »Hitler hatte drei Kinder. Außerehelich einen Sohn, und mit Eva Braun eine Tochter und einen Sohn: Margret und Bruno. Beide leben noch« gehörte noch zu den harmloseren.

Da ich das, was Hermann von sich gegeben hatte, einfach nicht glauben konnte, nutzte ich den folgenden Tag zur Recherche – wobei mir natürlich klar war, dass das eigentlich unmöglich war.

Eines der ersten Dinge, die ich feststellte, war: Die Geschichte mit Admiral Richard E. Byrd stimmte. Seine persönliche Aussage sowie die Aussagen der Soldaten, die den UFO-Angriff überlebt hatten, waren historisch verbrieft. Hinzu kamen die glaubhaften Aussagen vieler Zeugen, die nach 1945 persönliche Begegnungen mit Adolf Hitler in Argentinien gehabt hatten. Der argentinische Journalist und Buchautor Abel Basti schreibt in seinem Buch »El exilio de Hitler«, dass Hitler zunächst unter dem Schutz des Diktators Juan Perón in Argentinien gelebt hatte und nach dessen Sturz im Jahre 1955 unter dem Schutz des Diktators Alfredo Stroessner in Paraguay, wo er angeblich im Februar 1971 gestorben und immer noch begraben liegen soll.

Bei unserem nächsten Treffen konfrontierte ich Hermann mit diesen Aussagen. Hermann sagte, dass das zum Teil stimmen würde. Gemäß Hermann hatte Hitler Krebs und wurde fünf Jahre lang mehr oder weniger erfolgreich von Josef Mengele in Paraguay behandelt. Hitler starb in Paraguay und lag dort einige Zeit auf einem Friedhof von Villa Elisa begraben, bevor er schließlich nach Argentinien umgebettet worden sei.

Lassen wir das erst mal so stehen. Wenn wir Abel Bastis Recherchen mit Hermanns Aussagen abgleichen, ergibt sich das folgende hochspekulative Bild.

Hitler verließ am 26. April 1945 den Bunker der Reichskanzlei über einen unterirdischen Tunnel, der beim Tempelhofer Feld endete. Mit dem Flugzeug ging es zunächst nach Spanien, dann nach Teneriffa und von dort in einem Konvoi aus ultramodernen U-Booten nach Argentinien. Alle wichtigen Geheimwaffen der Deutschen befanden sich zu diesem Zeitpunkt bereits in der Antarktis, um dort von den besten deutschen Wissenschaftlern weiterentwickelt zu werden. Hitler versteckte sich zunächst rund anderthalb Jahre in Argentinien, genauer gesagt in La Falda, u.a. im Hotel Eden. Irgendwann Ende 1946 stattete er der deutschen Basis in der Antarktis (»Neuschwabenland«) einen Besuch ab. Die Amerikaner entsandten eine »Expedition« unter der Führung des Polarforschers Admiral Richard E. Byrd. In Wirklichkeit war es eine militärische Geheimoperation, die unter dem Kommando von Admiral Richard H. Cruzen stand (»Operation Highjump«). Ziel: Zerstörung der geheimen Nazi-Basis. Operation Highjump war auf sechs Monate ausgelegt, wurde aber nach zwei Monaten abrupt abgebrochen, weil am 26. Februar 1947 der ganze Konvoi kurz vor Erreichen des Südpols von unbekannten und technisch weit überlegenen Flugobjekten (»Untertassen«), die aus dem Wasser hervorschossen, angegriffen wurde. Die Schlacht dauerte rund zwanzig Minuten. Danach war ein Teil der Schiffe versenkt, und zahlreiche Soldaten waren ums Leben gekommen.

Ich befragte Hermann nach der Herkunft der Flugkörper. Antwort: »Das waren keine Außerirdischen. Das waren Deutsche.« Dann sagte er noch: »Hitler hat die Antarktis 1947 verlassen und ging dann wieder zurück nach Argentinien.« Ich fragte: »Im U-Boot?« Antwort: »Nein, in einer Reichsflugscheibe.« Ich sagte: »Ich kann das mit Neuschwabenland einfach nicht glauben.« »Es stimmt aber«, erwiderte er. »Neuschwabenland existiert. Es leben da auch viele Milliardäre.« »Wie viele Deutsche leben denn da insgesamt?«, wollte ich wissen. Antwort: »Sechshunderttausend« (Anmerkung: Sollte diese Zahl stimmen, was ich natürlich nicht glaube, dann müssten sich deutlich mehr als die offiziell genannten viertausend Nazis abgesetzt haben, denn so stark könnten die sich in dreiundsiebzig Jahren nicht vermehrt haben).

Wie bereits erwähnt, glaube ich nach wie vor kein Wort von dem, was Hermann mir erzählte. Ich wollte das Thema aber mal erwähnen, weil es in Paraguay sehr viele skurrile Typen von seinem Schlage gibt.

Für Samstag, den 9. Juni 2018, hatten Maria und ich unsere Nachbarn (Paraguayer und Argentinier) zum Grillen eingeladen. Schnell lenkte ich das Gespräch auf das Thema, welches mich in den letzten beiden Wochen doch etwas beschäftigt hatte. Stimmte es tatsächlich, was die Historiker, Journalisten und Buchautoren Mariano Llano (Jg. 1931) und Abel Basti (Jg. 1956) nach langjähriger intensiver Recherche behauptet hatten, dass Hitler nämlich gar nicht im Bunker der Reichskanzlei am 30. April 1945 Selbstmord begangen hatte, sondern sich mit anderen hochrangigen Nazis rechtzeitig nach Südamerika abgesetzt hatte? Die Antwort unserer Gäste kam wie aus der Pistole geschossen: »Das weiß in Paraguay jeder.«

Abel Basti, der 1994 zum ersten Mal davon hörte, dass Hitler im Juli 1945 höchst lebendig in Argentinien eingetroffen war, war zunächst skeptisch, begann dann aber mit seinen Nachforschungen in den deutschen Kreisen Argentiniens. Er besuchte und interviewte auch zahlreiche Personen, die mit Hitler in Argentinien verkehrt hatten. Wenn alle diese Personen die Wahrheit sagten, dann gab es für Basti nur die eine Schlussfolgerung: »Die Flucht des deutschen Diktators wäre nicht ohne eine militärische Vereinbarung zwischen den Nazis und den US-Amerikanern möglich gewesen. Diese Übereinkunft beinhaltete den Tausch von Männern, Devisen und militärischer Technologie, die später gegen den Kommunismus eingesetzt werden sollten für die Straffreiheit der Nazis.« Der Autor geht sogar so weit zu behaupten, dass die wichtigsten Geheimdienste der Welt nicht nur von Hitlers Flucht wussten, sondern sogar im Besitz von Fotos waren, die Hitler nach 1945 in Argentinien zeigten. Allerdings beschränkten sich sämtliche Agenten nur auf Observation und Berichterstattung. Sie durften weder eingreifen noch Hitler festnehmen.

Als der argentinische Präsident Juan Domingo Perón 1955 gestürzt wurde, flohen viele Nazis, darunter auch Hitler, hauptsächlich nach Paraguay. Laut Basti gewährte der deutschstämmige Diktator Alfredo Stroessner, der in Paraguay selbst erst seit 1954 an der Macht war, auf Drängen Peróns Hitler Asyl. Stroessner unterhielt damals beste Beziehungen zu den USA, von denen er auch Kredite und militärische Unterstützung für seine antikommunistische Haltung erhielt. Stroessner beging allerdings den »Fehler«, dass er eine direkte Einmischung der USA in Paraguay nicht zuließ, weshalb die CIA im Jahre 1989 seinen Sturz inszenierte. Aber das ist ein anderes Thema. Gesichert scheint indes, dass Stroessner auch anderen Top-Nazis wie Martin Bormann, Hans-Ulrich Rudel, Otto Skorzeny, Eduard Roschmann und Joseph Mengele Unterschlupf gewährte.

Stroessner selbst soll übrigens dem Autor Mariano Llano am 3. November 1994 die Präsenz Hitlers in Paraguay telefonisch bestätigt haben: »Wir Paraguayer sind sehr human. José Gervasio Artigas, der von den Mächten der Nachbarländer verfolgt wurde, fand Exil in Paraguay. Warum also nicht auch Hitler? Eine geschlagene Armee, verfolgt von der ganzen Welt. Mein Freund, General Perón, bat mich um einen Gefallen, und ich habe natürlich akzeptiert.«

Hitler starb angeblich im Februar 1971 (nach anderen Quellen 1974) in Asunción, der Hauptstadt Paraguays, und wurde anschließend angeblich in einer Krypta in einem antiken unterirdischen Bunker begraben. Über diesem Bunker befände sich laut Basti derzeit ein modernes und exklusives Hotel. Über das Hotel selbst macht Basti verständlicherweise keine Angaben.

Ob die Bücher von Mariano Llano und Abel Basti in allen Punkten der Wahrheit entsprechen oder mehr oder weniger Fantasie sind, muss jeder Leser für sich entscheiden.

Die geschilderten Sachverhalte werfen natürlich viele Fragen auf. Warum zum Beispiel hat der Mossad bei den Top-Nazis in Argentinien nicht zugegriffen? Gab es vielleicht ein politisches Verbot, weil die israelische Regierung Druck von den USA bekam? Spekulation. Bekannt ist nur, dass SS-Obersturmbannführer Adolf Eichmann, der zentral mitverantwortlich für die Ermordung von schätzungsweise sechs Millionen Menschen in Europa war, am 10. Mai 1960 von israelischen Agenten in Argentinien entführt und anschließend nach Israel gebracht wurde. Bekannt ist auch, dass der Auschwitz-Arzt Josef Mengele zwar gesucht, aber nie gefasst wurde. Was die nie erfolgte Liquidierung der anderen Top-Nazis betrifft, dürfen wir festhalten, dass innerhalb des Mossads zwar viel über »unkonventionelle Aktionen« nachgedacht wurde, aber der Grund, warum es nie dazu kam, liegt letzten Endes im Dunklen.

Neue Herausforderungen

Irgendwann in den letzten Augusttagen des Jahres 2018 rief mich der Rektor der Universität an, um mir mitzuteilen, dass er mich am Freitag, den 31. August, frühmorgens von zu Hause abholen und mit mir nach Villarrica fahren würde, um mich dort den dueños, also den Eigentümern der Universität, vorzustellen. Meinen Koffer bräuchte ich nicht zu packen, weil wir am selben Tag wieder zurückführen und er mich auch wieder zu Hause absetzen würde. Maria sagte: »Schau dir erst mal an, ob es dir dort gefällt. Wenn das eine längerfristige Sache wird, können wir ja irgendwann ganz nach Villarrica umziehen.«

Als der Rektor und ich gegen Mittag in der Universität eintrafen, lernte ich als einen der Ersten meinen künftigen Assistenten Ezequiel kennen. Die Universitätsleitung hatte ihn zum selben Datum eingestellt wie mich, nämlich zum 1. September 2018. Ezequiel ist natürlich nicht sein richtiger Name, denn auch er legt Wert auf Anonymität. Ezequiel wurde in einem afrikanischen Land als Weißer geboren, war jetzt um die dreißig Jahre alt und vor über zwanzig Jahren mit seinen Eltern nach Paraguay eingewandert. Er sprach fließend Castellano, Englisch, Afrikaans und ein mehr oder weniger akzeptables Deutsch. Er sollte mir künftig als Übersetzer bei den zahlreichen Sitzungen mit den Direktoren und Eigentümern zur Seite stehen.

Mit Ezequiel arbeite ich jetzt schon seit mehr als drei Jahren zusammen. Wir sind aktuell (Januar 2022) immer noch für die Universität tätig. Ezequiel ist überdurchschnittlich intelligent, sehr analytisch, aber eben leider auch ziemlich tranquilo. Das heißt, er hat sich hier über die Jahre assimiliert und die paraguayische Mentalität angenommen. Also muss ich Ezequiel regelmäßig in den Arsch treten, damit er in die Gänge kommt.

Als ich an diesem Freitagmittag die Räumlichkeiten der Universität zum ersten Mal in Augenschein nahm, erlitt ich einen Kulturschock. Dass sich Paraguay im Vergleich zu Deutschland bestenfalls auf dem Niveau der Sechzigerjahre befindet, war mir ja längst bekannt. Aber eine solche Primitivität, wie ich sie hier in den Räumlichkeiten der Universität vorfand, war für jemanden, der die letzten anderthalb Jahre im weitestgehend zivilisierten Asunción verbracht hat, doch ein Schock. Egal, wohin ich schaute: Alles war krumm und schief, Geschmiere und Gekleckere, wohin man auch schaute. Ezequiel sagte mir später einmal: »Die Paraguayer merken das nicht. Die nehmen das nicht wahr.« Ja, das stimmt wirklich. Es ist aber nicht nur so, dass die nichts merken – die wissen auch nichts. Wissen ist bekanntlich eine Holschuld. Wenn ein normaler Mensch durch pures logisches Denken merkt, dass er von den Politikern und den Massenmedien nach Strich und Faden verarscht wird, dann macht er sich doch automatisch auf die Suche nach der Wahrheit. Ein normaler Mensch recherchiert. Hier ist das anders. Der Paraguayer bezieht seine Informationen ausschließlich aus dem »tele« (Fernsehen), und er glaubt jedes einzelne Wort, das ihm vorgesetzt wird. Das zeigte sich für uns am deutlichsten, als ab März 2020 die große globale Bescheißernummer »Schnupfen-19« abgezogen wurde.

Ich schrieb ja bereits, dass das Gros der Paraguayer ein gestörtes Verhältnis zu Zahlen hat. Platt formuliert: Die Masse kann nicht rechnen. Die grundlegenden Konzepte der Mathematik, der Wahrscheinlichkeit oder der Risikobewertung sind für sie böhmische Dörfer. Deshalb glaubt sie auch, dass der »Klimawandel« uns alle umbringen wird. Die Masse kauft auch häufig Lotterielose, weil sie die zugrundeliegende Mathematik nicht versteht. Sie kann auch keine »Punkte verbinden«, also logische Schlussfolgerungen ziehen. Der Sohn unserer Hauseigentümerin sagte mir mal (und ich zitiere wortwörtlich): »El paraguayo no puede pensar por sí mismo« (Der Paraguayer kann nicht selbständig denken). In der Großstadt mag das durchaus anders sein, aber hier auf dem Lande trifft das hundertprozentig zu, weil ich es etliche Male selbst erlebt habe. Wenn ich einigen Leuten telegram-Videos zeigte mit den ganzen Impfschäden, dann schlugen sie zwar entsetzt die Hände vors Gesicht: »Oh, Dios mío! Qué bárbaro!«, aber fünf Minuten später hatten sie es bereits wieder vergessen, und am nächsten Tag präsentierten sie auf WhatsApp-Status stolz ihren Impfpass.

Obwohl Villarrica eine reine Universitätsstadt mit zahllosen Universitäten und anderen Bildungseinrichtungen ist und längst mehr als 100.000 Einwohner hat, ist es unterm Strich ein Kaff. Die Bevölkerung besteht weitestgehend aus campesinos, also aus Bauern mit extrem überschaubarem Horizont. Nicht nur das Bildungsniveau ist niedrig (eigentlich existiert es gar nicht), sondern auch die Entlohnung. An der Universität erhält die Mehrheit der Angestellten den Mindestlohn von aktuell (ich schreibe diese Zeilen im Januar 2022) rund 2,3 Millionen Guaraníes. Beim aktuellen Wechselkurs sind das gerade mal 300 Euro. Und wie mir der Generalsekretär der Universität irgendwann im Laufe des Jahres 2019 erzählte, liegt das Durchschnittseinkommen in Villarrica sogar noch darunter, nämlich bei rd. 800.000 Guaraníes, also bei rund 105 Euro. Mehr muss ich Ihnen nicht erzählen, oder? Allein für ihre halbwegs gesunde Ernährung benötigt eine dreiköpfige Familie mindestens 3 Millionen Guaraníes monatlich!

Der Rektor der Universität hatte mir eine klare Aufgabe zugewiesen: Prozessoptimierung! Und als klar und analytisch denkender Mensch freute ich mich natürlich sehr auf dieses Projekt. Aber wenn ich mir dann die reinen Äußerlichkeiten der Universität anschaute, fragte ich mich schon, ob mir die Umsetzung auch gelingen würde.

Ich bezeichne mich zwar nicht als Paraguay-Top-Insider, aber wenn Sie mehr als drei Jahre aufs Engste, und das Tag für Tag, mit Paraguayern zusammengearbeitet haben, dann können Sie ein kompetenteres Urteil über die hiesige Mentalität fällen als jemand, der sich als deutscher Rentner in Colonia Independencia (das ist die deutsche Kolonie in unmittelbarer Nachbarschaft von Villarrica) den ganzen Tag nur die Eier schaukelt. Wenn ich das, was ich zwischen meinem ersten Arbeitstag am 3. September 2018 und jetzt, mehr als drei Jahre später, an Absurditäten bei meiner täglichen Arbeit für die Universität erlebt habe, niederschriebe, würde es Bände füllen.

Okay, am Montag, dem 3. September 2018, war also mein erster Arbeitstag. Frühmorgens holte mich diesmal nicht der Rektor, sondern der Director General Ejecutivo, also der Geschäftsführer, von zu Hause in Villa Elisa ab. Während der Fahrt erzählte ich ihm, wie ich mir den cultural change im Detail vorstellte. Daraufhin griff er sofort zu seinem Handy und setzte eine Sprachmitteilung ab, von der ich das Meiste auch verstand. Der Gegenstand seiner Sprachmitteilung war exakt das, was ich ihm zuvor über meine Pläne mit der Universität erzählt hatte. Ich fragte ihn: »Was tun Sie da?« Seine Antwort: »Ich informiere unsere Mitarbeiter über den Universitäts-Chat.« Bitte, was? Ob Sie es jetzt glauben oder nicht: Dieser Kretin informierte die ganze Belegschaft der Universität brühwarm über meine Pläne, die nur für den Geschäftsführer und die Oberste Leitung bestimmt waren. Das blieb natürlich kein Einzelfall. Alle in der Universität tickten so. Wenn ich einer Person A im Vertrauen sagte, dass die

Person B faul und dumm sei und schnellstmöglich an die Sonne gesetzt werden müsste, dann lief Person A sofort zu Person B und teilte ihr mit, was ich gesagt hatte. Später erklärte mir Ezequiel den Grund für dieses komplett kranke Verhalten: »Die ticken hier vollkommen anders. Erstens sind die hier alle doof, und zweitens wissen die, dass sie alle doof sind und dass ihre Universitätsabschlüsse nichts wert sind. Deshalb schützen sie sich gegenseitig.« Im ersten Moment konnte ich das nicht glauben, später verstand ich, dass Ezequiel die Wahrheit gesagt hatte.

In Paraguay ist das so: Offiziell hat Paraguay das zweitschlechteste Bildungssystem der Welt. Die Lehrer selbst sind ungebildet, schlecht bezahlt und haben deshalb auch keinen Bock, ihr spärliches Wissen irgendwem zu vermitteln. Und die Regierung tut alles, damit es auch so bleibt. Was gibt es Schöneres als ein komplett verblödetes Volk. Seit Stroessner hat sich in dieser Hinsicht also nichts geändert. Kein einziger Schul- oder Universitätsabschluss aus Paraguay wird irgendwo in der Welt anerkannt. Das ist Fakt, ob Sie's glauben oder nicht. Der Paraguayer ist allerdings sehr stolz, hält sich für die Krone der Schöpfung und ist unglaublich titelsüchtig. Man nennt sich hier gegenseitig Licenciada, Profe oder Doctor, auch wenn man keinen Eimer Wasser tragen kann. Ich werde hier auch ständig Profe genannt, was ich als im höchsten Maße peinlich empfinde. In der Realität sind diese Titel absolut wertlos. Ezequiel, der ja nun immerhin seit zwanzig Jahren in Paraguay lebt, erklärte es mir so: »In Paraguay gibt es maximal fünf echte Doktortitel. Der Rest ist gekauft.« Und ich schwöre es Ihnen in die Hand: Nach fünf Jahren Erfahrung in Paraguay versichere ich Ihnen, dass das hier tatsächlich so läuft. Wer doof wie Scheiße ist, aber zahlen kann, bekommt hier auch seinen Doktortitel. Ich brauchte einige Wochen, um mich in der absurden Welt dieser Universität, in der sich alle gegenseitig in die Tasche logen, zurechtzufinden. Aber dann stand für mich fest: Durchschnitts-IQ der Professoren und der Belegschaft: maximal 75, vielleicht auch nur 50. Konzeptionelles Denken: Null. Demzufolge war eine Entwicklung der Universität, wie ich sie mir vorstellte, unmöglich. Ich sagte mir: Eigentlich müsstest du jetzt sofort deine Sachen packen und verschwinden und dich wieder deinem Garten widmen, zumal du hier auch noch schlecht bezahlt wirst. Ich sprach mit Maria darüber, aber sie meinte nur: »Warte doch erst mal ab.«

Also versuchte ich mich zusammenzureißen und das Beste aus meiner Situation zu machen. Wenn man in Deutschland oder irgendwo sonst in der zivilisierten Welt ein neues Projekt aufsetzt, erstellt man zuerst eine Projektstruktur, eine Organisationsstruktur und einen vorläufigen Zeitplan. Ich wusste, dass ich für die Umsetzung des Projekts, mit dem mich der Rektor beauftragt hatte, auf die Unterstützung der Direktoren angewiesen war. Also musste ich diese Schlüsselfiguren von Anfang an in das Projekt einbinden. Ob Sie es glauben oder nicht: An jenem Tag, für den Ezequiel und ich die Direktoren in den großen Besprechungssaal eingeladen hatten, um das neue Projekt vorzustellen, erschien NIEMAND. Vollständige Ignoranz. Die hatten sich alle untereinander abgesprochen, um uns vor die Wand laufen zu lassen. Später versuchte ich den Direktoren klarzumachen, dass es ja nicht mein Projekt sei, sondern der Wille der Obersten Leitung. Interessierte aber keinen der Direktoren. Jeder kochte sein eigenes Süppchen. Warum? Weil die Oberste Leitung dieses Gebaren entweder absichtlich tolerierte oder schlicht zu dumm war, die Konsequenzen für den Erfolg der Universität richtig einzuschätzen.

Wenn ich den dueños, also den Eigentümern der Universität, meine Analysen vorstellte, war ihre Antwort immer gleich: »Excelente! Excelente!« Aber wenn es an die Umsetzung gehen sollte, passierte gar nichts. Blockade total. Irgendwann im Laufe des Jahres 2019 sprach ich mit der Direktorin Finanzen und Verwaltung über diesen Irrsinn. Ich fragte sie: »Was glauben Sie, wann ist dieser Irrsinn endlich vorbei?« Ihre Antwort kam wie aus der Pistole geschossen: »Erst wenn die dueños alles tot sind.«

Zwei Dinge hatte ich also überaus schnell begriffen: Wegen ausschließlich biologischer und kultureller Restriktionen der Angestellten wird es dir niemals gelingen, diese Universität auf Erfolgskurs zu bringen. Und da niemand von den »autoridades«, also den Autoritäten der Universität, jemals dein wahres Potential erfassen wird, wirst du hier auch niemals eine Gehaltserhöhung erhalten. Was also wirst du angesichts dieser Erkenntnis tun? Antwort: Da hier alles viel zu doof sind, um realistisch abzuschätzen, was du hier eigentlich tust, es im Grunde auch niemanden interessiert, wendest du dich jetzt einer wirklich produktiven und befriedigenden Arbeit zu. Folglich arbeitete ich während meiner offiziellen Arbeitszeit an zwei Agententhrillern, die ich unter meinem neuen Pseudonym **Yossi Diskin** auch veröffentlicht habe. Am 15. Juni 2020 erschien »**Davids Schleuder**«, am 29. September 2021 »**Feinde in hohen Positionen**«.

Und glauben Sie bloß nicht, dass mir meine Arbeitseinstellung geschadet hätte. Ich hatte im Laufe des Jahres 2019 ein Controllingsystem eingeführt, welches den Cash Inflow der Universität umgehend verdoppelte. Da wurden die dueños endlich wach, denn in Paraguay zählt bekanntlich nur Cash. Ein wahrer Geldregen setzte ein. Im Mai 2019 wurde ich zum Stellvertretenden Direktor Finanzen und Controlling befördert, ein Jahr später erfolgte die nächste Beförderung, und zwar direkt ins »Rectorado«. Von da an durfte mir – von den Eigentümern mal abgesehen – niemand mehr etwas sagen. Ich war jetzt die Autorität der Autoritäten, der persönliche Berater der Eigentümer der Universität. Ich bekam zwar das gleiche spärliche Honorar wie vorher, aber dafür arbeitete ich jetzt nur noch zwei Tage im Monat. Solange brauchte ich nämlich für die Erstellung des monatlichen Controllingberichts. Den Rest der Zeit nutzte ich für meine schriftstellerischen Ambitionen.

Nach einem halben Jahr an dieser Universität wusste ich, dass ich hier länger bleiben würde. Ich war nämlich inzwischen ein Mitglied der »Familie«. Folglich war klar, dass die Zeit meiner Wochenendehe jetzt zu Ende ging und ich mit Frau und Kind, die noch in Villa Elisa weilten, endgültig nach Villarrica umziehen würde. Das Hotelleben ging mir sowieso auf den Geist. Das Hotel »Musa«, wo ich die Woche über nächtigte, war zwar äußerst preisgünstig und sauber, aber es war halt nur ein Hotel. Wenn ich Feierabend hatte, ging ich direkt ins Hotel und duschte. Danach aß ich irgendwo eine Kleinigkeit. Anschließend ging es in die Abendmesse und danach ins Bett, wo ich noch mit Maria und unserer Tochter telefonierte.

Im März 2019 war es soweit. Freunde besorgten uns in Villarrica ein Haus mit Garten. Freunde besorgten auch die Organisation des Umzugs. Diesen Tatbestand muss ich ausdrücklich und lobend erwähnen. Der Paraguayer ist äußerst hilfsbereit. Auch der nachbarschaftliche Zusammenhalt ist groß. Der Paraguayer ist allerdings auch sehr neugierig.

Der Umzug klappte reibungslos. Die neue »dueña« (Eigentümerin des Hauses) war freundlich, und die Nachbarn brachten, wie es auf dem Lande nun mal üblich ist, kleine Geschenke vorbei, mit denen sie uns willkommen hießen: Selbstgebackener Kuchen, Empanadas usw. Unser Haus wurde von Grund auf renoviert. Die Hälfte der Kosten trugen wir selbst, die andere Hälfte übernahm die »dueña«. Unsere Tochter war zu diesem Zeitpunkt erst viereinhalb Jahre alt und wurde deshalb umgehend in einem privaten katholischen Kindergarten angemeldet. Das Kindergarten- und Schuljahr beginnt in Paraguay in der Regel Mitte Februar und endet Mitte November. Dann beginnen die Sommerferien. In den Monaten Dezember und Januar können die Temperaturen auch schon mal auf über 40 Grad steigen.

Die folgenden zwölf Monate, also die Zeit ab unserem Umzug im März 2019 bis März 2020 verliefen eigentlich ohne größere Ereignisse. Unser letzter großer Badeurlaub war im Februar/März 2018 in Brasilien. Seitdem zogen wir Kurzurlaube vor. Immer nur für zwei oder drei Tage, aber dafür ziemlich häufig und regelmäßig. Entweder zog es uns in die nahegelegene deutsche Kolonie Colonia Independencia in die Hotels »Cacique« und »Tilinski« (beide mit Pool und unter deutscher Leitung), oder wir fuhren in den beliebten Badeort Encarnación, wo sehr viele Paraguayer ihre Sommerferien verbringen.

Dann, am Montag, den 16. März 2020, kam plötzlich die Personalchefin in mein Büro und informierte mich darüber, dass die Oberste Leitung entschieden habe, alle Mitarbeiter über fünfzig Jahre in die häusliche Quarantäne zu schicken. In Paraguay begann, wie fast überall auf der Welt, die große Schreckensparty Schnupfen-19. Ich war natürlich sehr überrascht, auf der Stelle nach Hause geschickt zu werden, Maria auch, aber dann machten wir das Beste daraus. Ich arbeitete von zu Hause aus weiter und machte ganz nebenbei mit unserer Tochter die Hausaufgaben für die »Pre-escolar« (Vorschule), denn während der Quarantäne waren selbstverständlich auch alle Kindergärten und Schulen geschlossen. Die Hausaufgaben für meine Tochter kamen jeden Morgen um sieben Uhr auf mein Handy.

Da natürlich auch viele Geschäfte und Läden schließen mussten, verloren sehr viele Paraguayer ihren Arbeitsplatz. Paraguay ist kein Sozialstaat. Und da die überwältigende Mehrheit der Paraguayer von der Hand in den Mund lebt, also keine großartigen Rücklagen bilden kann, bedeutet Arbeitslosigkeit auch immer gleich Hunger. Maria und ich organisierten umgehend eine Armenküche. Wir kauften regelmäßig riesige Mengen an Lebensmitteln ein, und Maria und ihre Freundinnen kochten dann stundenlang Hunderte von Malzeiten. Das ging über Monate so. Es sprach sich schnell herum, und wir bekamen viele Glückwunschschreiben und Segensgrüße von paraguayischen Priestern. Seitdem heißt Maria in ganz Villarrica nur noch »La reina de los pobres«, die Königin der Armen.

Drei Monate lang musste ich von zu Hause aus arbeiten. Ab Mitte Juni 2020 konnte ich an meinen Arbeitsplatz zurück. Sehr großes Pech hatte allerdings unsere Hausvermieterin. Unglücklicherweise war sie am 7. März 2020 zu ihrer Schwester nach Argentinien gereist. Wenige Tage später wurde die Grenze zwischen Argentinien und Paraguay geschlossen. Unsere Hausvermieterin musste genau zwölf Monate, nämlich bis zum März 2021, in Argentinien verharren. Als sie endlich wieder nach Hause durfte, war sie mit den Nerven fertig. Die ersten Tage ging sie vor Angst überhaupt nicht aus dem Haus, und wenn, dann nur bis zur Haustür. Sie war während ihres argentinischen Exils dermaßen gehirngewaschen worden, dass sie sogar in ihrem eigenen Haus die »tapaboca« (Mund-Nasen-Schutz) trug. Unfassbar! Außerdem bemerkten wir und der Rest unserer Nachbarschaft eine deutliche Wesensveränderung an ihr. Aber leider nicht zum Positiven. Unsere Hausvermieterin war während ihres argentinischen Exils ein völlig anderer Mensch geworden. Sie war ängstlich, aggressiv und äußerst fordernd geworden. Und als sie von uns dann auch noch eine deutliche Mieterhöhung verlangte, floss bei uns das Fass über. Am 10. Mai 2021 hatten wir in Villarrica ein todschickes Apartment gefunden, und zum 1. Juni 2021 zogen wir um. Und unsere Miete hatte sich halbiert.

Im Februar 2021 kam unsere Tochter in ein privates katholisches Colegio, in den »Primer Grado«, also ins erste Schuljahr. Die Schulen waren natürlich immer noch alle geschlossen, und der Unterricht fand virtuell statt. Die »tareas« (Hausaufgaben) wurden in den virtuellen »classroom« gestellt, dazu gab es täglich zwei Videos der »profesora«, die mit Mund-Nasen-Schutz vor einer Kamera eine leere Schulklasse unterrichtete. Die Hausaufgaben wurden dann bei uns zu Hause unter der Aufsicht einer anderen »profesora« gemacht. Sie hieß Yamila und war die einundzwanzigjährige Tochter eines Polizisten. Die schlechteste Note in Paraguay ist eine »1«, die beste Note eine »5«, also anders als in Deutschland. Unsere Tochter absolvierte ihr erstes Schuljahr, welches im November 2021 endete, in allen Fächern mit der Bestnote »5«. Als ich frühmorgens ins Colegio ging, um ihr Zeugnis abzuholen, fragte mich die Profesora, wie ich mir die hohe Intelligenz unserer Tochter erklären würde. Ich sagte, dass bei uns zu Hause in jedem Zimmer Bücher liegen würden, sogar auf dem Klo. Meine Frau und ich würden sehr viel lesen, und Kinder würden in der Regel ihre Eltern kopieren.

Im Oktober 2021 zogen die Buchverkäufe unseres Bestsellers »Der dritte Weltkrieg kommt!« nochmals stark an. Es hatte sich nämlich schnell herumgesprochen, dass eine weitere Prophezeiung von Maria aus dem Jahre 2015 wahr geworden war: Der neue Bundeskanzler hieß Olaf Scholz.

Am 13. Dezember 2021 stand ganz Villarrica Kopf. Im israelischen Badeort Eilat fanden die Wahlen zur Miss Universum statt. Paraguay hatte die zweiundzwanzigjährige Villarricanerin Nadia Tamara Ferreira nach Eilat geschickt. Bei den Wahlen gewann sie einen grandiosen zweiten Platz.

Das Jahr 2021 endete für unsere Verwaltung eigentlich am 23. Dezember, also kurz vor »Navidad« (Weihnachten), aber da ich in der Universität ohnehin tun und lassen kann, was ich will, reichte ich meinen Urlaubsschein bereits für den 16. Dezember ein. Sowohl Maria und ich brauchten Luftveränderung. Meinem Urlaubsantrag wurde umgehend stattgegeben, und wir verbrachten die beiden folgenden Wochen wieder bei Graciela in den wunderbaren Don Gerardo Apartamentos. Weihnachten feierten wir also in Asunción. Aber kurz vor Silvester kehrten wir nach Villarrica zurück. Eine große Silvesterparty mit vielen Freunden wartete auf uns.

Hatte ich in diesen knapp fünf Jahren Paraguay zwischendurch auch mal Sehnsucht nach Deutschland? Nicht eine Sekunde! Maria allerdings schon. Aber nicht nach Merkels Deutschland, sondern nach dem Deutschland der Neunzigerjahre. Ich hingegen dachte oft an meine schönsten Momente in Israel zurück.

Lebenshaltungskosten

Eine der wichtigsten Fragen von Auswanderungswilligen lautet: Wie hoch werden meine Lebenshaltungskosten sein? Was das Leben in Paraguay betrifft, kann ich Ihnen sagen: Entgegen landläufiger Meinung ist Paraguay nicht »billig«. Aber letzten Endes hängen Ihre laufenden Kosten davon ab, welche persönlichen Standards Sie und Ihre Familie anlegen. Sie müssen immer im Hinterkopf behalten, dass der Mindestlohn in Paraguay aktuell bei gut 2,3 Millionen Guaraníes liegt! Bei einem aktuellen Währungskurs (Januar 2022) von 1 Euro = Gs. 7.700, wären das also gerade mal 300 Euro. Allerdings zahlen über 40 Prozent der privaten Unternehmen ihren Mitarbeitern diesen Mindestlohn nicht. Wenn man bei dieser Entlohnung also nicht verhungern will, müssen mehrere Familienmitglieder arbeiten.

Maria und ich schauten uns im Jahre 2017 regelmäßig die Erlebnisberichte eines interessanten deutschen Paares an, das es nach Paraguay verschlagen hatte und das damals auch einen eigenen Kanal auf YouTube besaß: »Freunde der Sonne«. Die beiden hatten sich irgendwo in der Pampa ein kleines Häuschen gebaut, lebten nach eigenem Bekunden von 100 Euro im Monat und ernährten sich hauptsächlich von selbst angebauten Bananen. Auch ein solcher Lebensstil ist in Paraguay möglich.

Falls Ihnen allerdings der Sinn nach europäischem Standard steht mit behaglichem Wohnraum, privater Krankenversicherung, guter und ausgewogener Ernährung und den üblichen Hygiene- und Pflegeprodukten, dann müssen Sie natürlich deutlich tiefer in die Tasche greifen. Maria und ich haben inzwischen einen ganz guten Überblick über unseren monatlichen Finanzbedarf.

- Für unser **Apartment** zahlen wir eine monatliche Miete von Gs. 700.000 (rd. 91 Euro). Das kann man natürlich nicht mit Asunción oder Ciudad del Este vergleichen. Je näher man dem Herzen Asuncións kommt, desto höher werden selbstverständlich auch die Mieten. Wohnungen mit einer Monatsmiete von 1.000 USD, 1.500 USD oder noch mehr zu finden, ist dort überhaupt kein Problem.
- Unsere monatlichen **Stromkosten** belaufen sich auf rd. Gs. 250.000 (rd. 32,50 Euro). Das ist eigentlich sehr viel, bleibt aber nicht aus, wenn man Tag und Nacht die Klimaanlagen laufen hat. **Wasserkosten** haben wir keine.
- Für **Kabelfernsehen und Internet** zahlen wir einen monatlichen Festbetrag in Höhe von Gs. 200.000 (rd. 26 Euro).
- Die **katholische Privatschule** kostet im Monat Gs. 150.000 (rd. 19,50 Euro).
- Ich habe mal ausgerechnet, dass wir im Monat rund 14 Mio. Guaraníes brauchen. Beim aktuellen Wechselkurs (1 Euro = Gs. 7.700) sind dies 1.800 Euro. Das heißt, nach Abzug der obigen Fixkosten gehen

mehr als 1.600 Euro drauf für **Lebensmittel, Zigaretten, Bier, Pflegeprodukte, Putzmittel, Wasch-
pulver, Apotheke, Frisör, Handwerker, Taxi** und
Shoppen.

Unser Lebensstil ist weder spartanisch noch pompös.
Wir leben einfach unser gewohntes Leben weiter. Es
geht natürlich deutlich billiger, es geht aber auch teurer. Das entscheiden allein Sie.

Falls Sie als dreiköpfige Familie also halbwegs ver-
nünftig leben wollen, mit einem vernünftigen Dach
über dem Kopf, sollten Sie von diesem Betrag aus-
gehen. Aber wie Sie aus Erfahrung wissen, reicht das
natürlich nicht. Irgendwann geht im Haushalt etwas
kaputt, irgendwann brauchen Sie neue Klamotten, und
irgendwann möchten Sie ja auch mal verreisen oder
Urlaub machen. Diese Positionen sollten Sie bei Ihrer
Budgetierung also ebenfalls berücksichtigen.

Sie haben in Paraguay zwar ein weltweit einzigartiges
Maximum an Freiheit und das Leben ist in den meisten
Bereichen deutlich günstiger als in Deutschland, aber
umsonst gibt's hier auch nichts!

Alle Grundnahrungsmittel wie Brot, Butter, Wurst,
Käse, Gemüse, Obst, Fleisch, Bier und Zigaretten sind
preiswerter als in Deutschland. Wir trinken hier das
heimische Bier, das eine sehr gute Qualität hat und
rauchen Kent-Zigaretten. Alles unglaublich preiswert.
Die ärmeren Paraguayer leben hauptsächlich von wei-

ßen Brötchen. Die werden säckeweise eingekauft und dann tiefgefroren. Fisch hingegen ist relativ teuer, weil Paraguay nun mal nicht am Meer liegt. Hygieneartikel bzw. Pflegeprodukte sind teurer als in Deutschland, weil sie importiert werden müssen.

H&M, C&A, TK Maxx und diverse andere deutsche Läden, in denen man schöne und stylishe Klamotten preiswert bekommt, haben wir hier noch nicht entdeckt. Es gibt zwar in Asunción sehr gute Shopping Malls (»Shopping Mariscal«, »Shopping del Sol« und »Paseo La Galeria«) mit allem erdenklichen Luxus, aber qualitative Kleidungsstücke unter 20 Euro wie in Deutschland findet man dort nicht. Blusen gibt es ab 50 Euro. Und der Stoff ist nicht qualitativ. Vernünftige Kleidung ist hier also sehr teuer. Wir empfehlen Ihnen deshalb, gute Kleidung aus Deutschland mitzubringen.

Auch wenn sie hier Handwerkern wollen, sollten Sie sämtliche Werkzeuge aus Deutschland mit in Ihren Container packen. Denn hier gibt es – abgestimmt auf das niedrige Einkommensniveau der Paraguayer – überwiegend nur China-Scheiß zu kaufen. Das gilt praktisch für alle Produkte, außer für Lebensmittel, weil Paraguay halt ein Agrarland ist. Ich hatte mir aus Deutschland meinen hochwertigen Braunrasierer mitgebracht, aber als ich einen neuen Scherkopf brauchte, guckte ich dumm aus der Wäsche. Den gab's hier nämlich nicht. Also musste ich mir einen Rasierer für 30 Euro kaufen, natürlich Made in China mit entsprechend niedrigem Qualitätsniveau. Seitdem muss ich mir alle drei Monate einen neuen 30-Euro-Rasierer kaufen. Ist leider so.

Paraguayische Besonderheiten

Die wichtigste Erkenntnis, die wir hier gewonnen haben, ist, dass sich das Denken des Paraguayers hauptsächlich in drei Dimensionen bewegt: comer, coger y plata (Fressen, Ficken und Geld). Böse Zungen unterstellen noch zwei weitere Dimensionen, nämlich tomar y dormir (Saufen und Schlafen).

Aber wie dem auch sei: An allererster Stelle steht hier »plata« (Geld). Und das ist auch das Wort, das Sie in Paraguay am häufigsten hören werden: »plata«. Da Frauen in erster Linie nach Sicherheit streben, und Amerikaner und Europäer generell als »reich« gelten, finden Sie hier selbst als neunzigjähriger Einwanderer noch eine paraguayische Frau. Mit der werden Sie dann zwar keine Kinder mehr zeugen, aber sie wird für Sie kochen und Ihnen das Haus sauber halten. Hauptsache, sie ist versorgt. Die Mehrheit der paraguayischen Frauen hat sehr kleine Hände, was natürlich von Vorteil ist, denn damit kommt sie beim Putzen auch in die kleinsten Ecken.

Familie, Fußball und Bier haben für den Paraguayer zwar einen sehr hohen Stellenwert, aber im Zentrum steht »plata«! Deshalb dürfen Sie Ihr Geld niemals offen zeigen. Wenn Sie im Supermarkt an der Kasse stehen und Ihr Portemonnaie öffnen, kommt es nicht selten vor, dass sich der Kunde hinter Ihnen den Hals verrenkt, um zu sehen, was Sie im Portemonnaie haben. Falls Sie Personal engagieren (das hier sehr preiswert ist), z.B. eine Putzfrau, eine Köchin, eine Bügelfrau, einen Gärtner, einen Wachmann oder sogar einen Fahrer, dann dürfen Sie damit rechnen, dass es seine Entlohnung im Voraus verlangt. Hier gilt grundsätzlich: Bloß keine Großzügigkeit zeigen, denn das geht nach hinten los. Sagen Sie lieber:»Im Moment habe ich leider kein Geld.« Oder:»Da muss ich erst mal zur Bank.« Also immer einen auf knappe Ressourcen machen.

Hart zu sein empfiehlt sich in manchen Situationen ebenfalls:»Zahl ich nicht!« oder»Ist mir zu teuer!« Dadurch erwirbt man sich den Respekt der Paraguayer. Aber seien Sie niemals unhöflich oder unverschämt. Auch mit hartnäckigem Wollen und Fordern kommt man hier nicht weiter, nur mit höflichem Wünschen und einem insgesamt sensiblen Umgang mit den Einheimischen, denn der Paraguayer ist nun mal sehr stolz und schnell verletzt. Da reicht ein falsches Wort, und der Paraguayer ist auf den Tod beleidigt. Die richtige Mischung aus Höflichkeit und Härte macht's!

Von einer»Verbrüderung« mit Paraguayern ist ebenfalls abzuraten. Deutsche neigen häufig zu einer kumpelhaften Anbiederung an alles Fremde. Ihnen ist nicht klar, dass jede Kultur anders tickt. Der Paraguayer hat eine vollkommen andere Mentalität, ein komplett anderes Wesen als der Deutsche. Und das ist auch der Grund, weshalb so viele Partnerschaften zwischen einem deutschen Mann und einer paraguayischen Frau letztendlich scheitern.

Eine allzu große Nähe zu anderen Deutschen zu suchen, ist ebenfalls nicht ratsam. Wie beim Paraguayer, so gilt auch hier: immer eine höfliche Distanz wahren. Und vor allen Dingen: keinen Einblick in die persönlichen Vermögensverhältnisse gewähren. Einige Deutsche sind in Paraguay gescheitert und halten jetzt Ausschau nach Neueinwanderern, die sie abziehen können. Der Deutsche neigt leider zum Neid. Natürlich gilt das nicht für alle Deutschen, aber für viele. Anders verhält es sich, wenn Sie im Zuge Ihrer Einwanderung auch gleich Ihre ganze deutsche Entourage mitbringen. Das sind schließlich jene Leute, die Sie kennen und denen Sie in der Regel auch vertrauen.

Seit einiger Zeit verzeichnet Paraguay eine Masseninvasion von Deutschen. Mein Assistent Ezequiel, dessen Familie in der deutschen Kolonie Colonia Independencia lebt, sagte mir schon vor zwei Jahren: »Ich sehe hier in der Kolonie jeden Tag neue Gesichter.« Und wenn Maria und ich in Villarrica in den Supermarkt gehen, sehen wir auch schon gefühlte 20 Prozent Deutsche. Tendenz steigend.

Der Paraguayer ist zwar neugierig, gleichzeitig aber auch etwas schüchtern. Sie werden nie erleben, dass Sie von einem Paraguayer auf der Straße zuerst begrüßt werden. Sie müssen zuerst grüßen, dann grüßt der Paraguayer Sie auch zurück.

Ich hatte ja bereits geschrieben, dass es in Paraguay weder eine Esskultur noch eine Trinkkultur noch eine

Wohnkultur gibt. Ehrlich gesagt, gibt es überhaupt keine Kultur, jedenfalls nicht nach den strengen Maßstäben des Abendlandes. Damit meine ich, dass Paraguay nicht eine einzige große Kanone auf dem Gebiet der Musik oder der Literatur hervorgebracht hat. Aber es gibt natürlich zahlreiche folkloristische Werke, die ich sehr gern höre. Egal, ob traditionell oder modern — eine Komposition, in der nicht wenigstens einmal das Wort »corazón« (Herz) vorkommt, gibt es nicht.

In Paraguay geht es natürlich deutlich langsamer und lässiger zu als in Deutschland. Auch weniger genau. Mañana kann im paraguayischen Sinne auch durchaus mal eine Woche bedeuten. Das müssen Sie innerlich einfach zulassen, sonst schaden Sie sich nur selbst. Wer gegen dieses Laissez-faire innerlich aufbegehrt oder meint, er könnte den Paraguayer umerziehen oder aus Paraguay ein zweites Deutschland machen, klatscht hier definitiv gegen die Wand. Die hiesige Mentalität kann man nicht ändern, und wenn man hier glücklich werden will, sollte man das auch akzeptieren.

Einige Dinge sind etwas gewöhnungsbedürftig. Wenn Sie mal Italien bereist haben, dann wird Ihnen sicherlich aufgefallen sein, dass es praktisch keinen Laden und kein Taxi gibt, in dem nicht ein Bild des hl. Pater Pio hängt bzw. klebt. In Paraguay hängt stattdessen vielerorts ein Bild des Heiligsten Herzen Jesu oder des Heiligsten Herzen Mariens. Und in fast jedem Haus, das ich betreten habe, hing entweder ein Bild des barmherzigen Jesus oder des heiligen Erzengels

Michael, oder es stand eine Muttergottes-Statue im »sala« (Wohnzimmer).

Sehr viele Läden, Restaurants und Apotheken haben schon am Eingang einen bewaffneten Wachmann stehen. Die Banken sowieso. Viele tragen eine schusssichere Weste und einfache Handfeuerwaffen, manche auch Flinten oder sogar Pumpguns.

Jemand fragte mich, ob man denn in Paraguay auch Karriere machen könnte. Nun, ein Karrierismus im weltlichen Sinne sollte uns Katholiken eigentlich fremd sein, ebenso die Prestige- und Statussucht. Aber selbstverständlich kann man in Paraguay auch Karriere machen. Aber was viel wichtiger ist: Man kann hier so lange arbeiten, wie man will. Es gibt keine Altersobergrenze für Arbeitswillige.

Einziger Stressfaktor: Nur sehr wenige Menschen sprechen Englisch. Noch nicht einmal an meiner Universität, wo 95 Prozent der Angestellten einen akademischen Abschluss hat. Und da hier so gut wie niemand auch nur eine Fremdsprache erlernt hat, besitzt auch niemand ein Gefühl dafür, wie man einen spanischen Satz so zu formulieren hat, dass ihn auch ein Ausländer mit nur geringen Sprachkenntnissen verstehen kann. Reines Castellano sprechen hier ohnehin höchstens 20 Prozent der Bevölkerung, 80 Prozent sprechen eine Mischung aus Guaraní und Castellano.

Wir Deutschen tun uns mit dem Englischen relativ leicht, weil Englisch weniger eine eigenständige Sprache als vielmehr ein deutscher Dialekt ist. Dem Paraguayer bereitet das Englische hingegen große Schwierigkeiten – zumindest ist das unser Eindruck. Aber was soll's – wir Deutschen sind ja auch nicht gerade die Größten, wenn es um das Erlernen einer romanischen Sprache (Französisch, Italienisch, Spanisch oder Portugiesisch) geht. Ganz zu schweigen vom Erlernen des Finnischen, Ungarischen, Russischen oder Hebräischen.

The American School of Asunción ist für den Durchschnittsparaguayer unbezahlbar. Die echte paraguayische Elite schickt ihren Nachwuchs lieber gleich in die USA, der aufstrebende Rest erwirbt seine rudimentären Englischkenntnisse über amerikanische Fernsehserien.

Wenn Sie einen Supermarkt aufsuchen müssen, haben Sie die Wahl zwischen verschiedenen Preisklassen. S6 Superseis vertreibt höchste Qualität, gilt aber nach paraguayischen Maßstäben als hochpreisig (Fürs deutsche Portemonnaie aber teilweise immer noch als günstig). Während Sie an der Kasse stehen und Ihre Ware durchgeschoben wird, steht am Ende ein Junge, der Ihre Ware professionell eintütet. Es wäre nicht verkehrt, ihm vor dem Hinausgehen 2.000 Guaraníes zuzustecken. Damit tun Sie etwas Gutes, und Gott räumt dann mal wieder den Dreck für Sie weg.

Wenn Sie durch die Straßen der paraguayischen Städte wandern, stellen Sie als erstes fest, dass hier jeder bauen kann wie er will. Vielleicht erinnern Sie sich noch an die Plattenbauten in der ehemaligen Ostzone. Diese hatten in erster Linie den Zweck, den sozialistischen Einheitsmenschen zu formen. In Paraguay, einem hochkapitalistischen Land mit einem Maximum an Individualismus und Freiheit, wäre so etwas undenkbar. Architektonische Individualität wird hier großgeschrieben!

In Paraguay ist das Gefälle zwischen Arm und Reich genauso groß wie in den anderen lateinamerikanischen Staaten. Das heißt, wenn man die Ess-, Trink- oder Wohnkultur beschreibt, muss man auch zwingend zwischen Stadt und Land beziehungsweise zwischen wohlhabend und arm unterscheiden. Die Hauptstadt Asunción mit ihrer kleinen, aber relativ wohlhabenden Schicht verfügt selbstverständlich über gute Restaurants (z. B. das »Bolsi«) mit internationaler Küche. Auf dem Lande hingegen gibt es weder eine Ess- noch eine Trinkkultur. Die Menschen ernähren sich hauptsächlich von Fleisch, Maniok, Reis und Brot, und zwar in großen Mengen, und das jeden Tag. Das zentrale Gemeinschaftserlebnis heißt hier »asado«, was man mit »festlichem Grillen« übersetzen könnte. Der Grill (»parrilla«) wird angeworfen und dann landen gigantische Fleischmassen darauf. Dazu gibt es »mandioca« (eine mehr oder weniger geschmacklose weiße Wurzelknolle) und Reis. Gemüse isst der Paraguayer relativ wenig. Als Getränke werden »gaseosa« (Coca Cola und Fanta) und »cerveza« (Bier) serviert, gelegentlich auch »vino tinto« (Rotwein) der Marke Santa Helena. Was die Zwischenmahlzeiten betrifft, reduziert sich das Essen im Wesentlichen auf zwei Sachen: »empanadas« (gefüllte Teigtaschen) und »chipas« (eine Art Gebäck, das aus Maniokstärke, Käse, Milch, Eiern, Fett und Salz zubereitet wird). Weitere beliebte Gerichte sind »hamburguesa« (Hamburger), Pizza und »milanesa« (eine Art Kotelett, wahlweise aus »pollo« oder »carne«). Den Tag beginnt der Paraguayer entweder mit »cocido« (gesüßtem Tee, zum Teil auch mit Milch), Kaffee (fast immer gesüßt und mit Milch) oder – je nach Außentemperatur – »tereré« (Mate-Tee mit Eiswasser bei Hitze) oder »mate« (Mate-Tee mit heißem Wasser aufgegossen bei Kälte). Rauchen tut hier so gut wie niemand.

Auch bei der Wohnkultur muss man zwingend zwischen den relativ wohlhabenden Großstädtern und der Landbevölkerung unterscheiden. In Asunción und Ciudad del Este gibt es todschicke, modern eingerichtete Apartmentwohnungen mit europäischem Standard sowie pompöse Prachtvillen. Auf dem Lande wohnen die Menschen überwiegend in Häusern, die jeder Europäer oder Amerikaner schlichtweg als Baracke bezeichnen würde. Die äußerst schlechte Bauweise der Häuser hat natürlich zur Folge, dass sowohl im Sommer als auch im Winter (in Paraguay kann es sehr kalt werden) die Klimaanlagen laufen, denn Heizungen gibt es hier nicht. Viele Häuser auf dem Lande verfügen allerdings nicht über Klimaanlagen, sondern nur über Ventilatoren. Die fächeln einem im Sommer zwar kühle Luft zu, aber im Winter nützen sie einem nichts. Da muss sich der Paraguayer halt dicke Pullover anziehen. Nach unserer Erfahrung gibt es hier aber höchstens zehn bis fünfzehn richtig kalte Tage, den Rest des Jahres ist es heiß.

Vielleicht noch ein wichtiger Punkt: Der Lauf der Sonne auf der Südhalbkugel.

Den Lauf der Sonne auf der Nordhalbkugel kennen Sie alle: »Im Osten geht die Sonne auf, im Süden nimmt sie ihren Lauf, im Westen wird sie untergehen, im Norden wird sie niemals stehen.« Auf der Südhalbkugel verhält es sich natürlich anders. Dort geht die Sonne zwar auch im Osten auf und im Westen unter, mittags steht sie jedoch im Norden!

In diesem Zusammenhang verrate ich Ihnen ein kleines Geheimnis: Wenn Sie auf der Nordhalbkugel leben, sollten Sie darauf achten, dass Sie bei wichtigen Geschäftssitzungen, bei denen Sie Ihre Geschäftskollegen oder Kunden unbedingt von Ihren Vorschlägen überzeugen müssen, immer nördlich der anderen Personen sitzen. Auf der Nordhalbkugel fließt nämlich eine geheimnisvolle Energie, ausgehend vom Nordpol in Richtung Äquator, die Sie die südlich von Ihnen sitzenden Gesprächspartner auf geheimnisvolle Weise dominieren lässt. Auf der Südhalbkugel ist es genau umgekehrt. Dort fließt die unterstützende Energie vom Südpol in Richtung Äquator, das heißt, dass Sie dann südlich von ihren Geschäftskollegen oder Kunden sitzen sollten. Im Falle eines Krieges auf der Nordhalbkugel hat also immer jenes Land einen gewissen Vorteil, dessen Hauptstadt nördlich der Hauptstadt des Gegners liegt. Auf der Südhalbkugel ist es umgekehrt: Im Falle eines Krieges hat jenes Land einen Vorteil, dessen Hauptstadt südlich der Hauptstadt des Gegners liegt. Deshalb konnte im großen Chacokrieg (1932 – 1935) das militärisch stark unterlegene Paraguay das militärisch deutlich besser aufgestellte Bolivien auch besiegen.

Vielleicht noch ein letzter Punkt, der für viele Deutsche etwas gewöhnungsbedürftig ist. Wir Deutschen sind ja überwiegend Tagmenschen. Der Wecker klingelt irgendwann zwischen fünf und sieben Uhr, wir frühstücken und gehen dann zur Arbeit. Irgendwann am Spätnachmittag oder abends kommen wir dann von der Arbeit zurück und gehen auch irgendwann schlafen. Und irgendwann haben wir mal gelernt, dass man nach 22 Uhr keine laute Musik mehr hört, um eventuelle Nachbarn nicht zu stören. Das ist hier in Paraguay vollkommen anders. Der Paraguayer ist ein Nachtmensch, das heißt, das Leben fährt erst so gegen 20 Uhr in seine Glieder. Laute Musik in der Nacht ist also die Regel. Auch Kinder laufen hier bis 23 Uhr auf der Straße herum. Die Büro-, Kindergarten- und Schulzeiten sind hier aber genauso wie in Deutschland. Spätestens um 6 Uhr klingelt der paraguayische Wecker. Die Folgen sind klar: Der Paraguayer geht müde zur Arbeit und schläft sich dann im

Büro aus. Da hier aber alle so sind, auch die Chefs, stört das keinen.

So, das soll's gewesen sein. Maria und ich hoffen, dass wir das Wichtigste zu Papier gebracht haben. Und wie immer wünschen wir Ihnen: Kommen Sie gut durch!

Ruben Stein im Januar 2022